AF367461

Fútbol
LA TOMA DE DECISIÓN EN EL TIRO

Concepto y 50 tareas para su entrenamiento

Manuel Jesús Crespo García

Título: FÚTBOL. LA TOMA DE DECISIÓN EN EL TIRO. CONCEPTO Y 50 TAREAS PARA SU ENTRENAMIENTO
Autor: MANUEL JESÚS CRESPO GARCÍA
Corrección del texto: MANUELA CASTILLO SOLER

Editorial: WANCEULEN EDITORIAL
Sello Editorial: WANCEULEN EDITORIAL DEPORTIVA

ISBN (Papel): 978-84-18486-88-3
ISBN (Ebook): 978-84-18486-89-0

DEPÓSITO LEGAL: SE 2129-2020

Impreso en España. 2020

WANCEULEN S.L.
C/ Cristo del Desamparo y Abandono, 56 - 41006 Sevilla
Dirección web: www.wanceuleneditorial.com y www.wanceulen.com
Email: info@wanceuleneditorial.com

ÍNDICE

INTRODUCCIÓN

En la iniciación al mundo del entrenamiento es muy usual intentar encontrar una receta o una fórmula que resuelva nuestras necesidades y que cubra las posibles lagunas que tengamos en nuestro conocimiento.

La complejidad y diversidad del juego hacen que haya que tener un conocimiento del mismo para su enseñanza y para su aprendizaje en algunos casos.

Este libro con tareas no pretende ser una respuesta matemática a las necesidades que pueda tener un entrenador para encontrar soluciones a los problemas que se le planteen. La intención es poder manejar recursos, adaptarlos a nuestra realidad de entrenamientos y que puedan introducirnos y orientarnos a conseguir en el entrenamiento los objetivos pretendidos.

He reducido el uso de material para simplificar y poder llegar a cualquier nivel de recursos y que puedan ser llevadas a cabo en cualquier realidad, sin necesidad de unos materiales que dificulten su realización.

Existen distintos tipos de tareas para la mejora del dominio colectivo de cualquier medio que queramos que nuestro equipo maneje durante el desarrollo de los partidos. Atendiendo a la metodología empleada, la duración, los espacios, el número de jugadores... pueden variar para satisfacer nuestro modelo de juego.

A continuación, seleccionaré distintas tareas, desde las más simples a las de mayor complejidad, para poder trabajar la toma de decisión en el tiro a portería dentro de las tareas y que puedan formar parte de distintos modelos de juego ya que, atendiendo a las pretensiones de cada entrenador y a la metodología a emplear, cada uno debe introducirlas donde considere oportuno. Estas tareas carecen de un contexto y de una estrategia operativa, para los cuales necesitarán adaptación por parte del entrenador a todas las variables que crea que pueden tener incidencia en el desarrollo del juego de su equipo y a las características del mismo.

Castellano y Casamichana (2016) proponen este cuadro para la clasificación de las tareas según los metros cuadrados por jugador y a las demandas a las que serán exigidas los jugadores:

m^2 / jugador	1<2	3<4	5<7	8<10
<50	Fuerza		Recuperación	
<100				
<200	Frecuencia cardíaca		Velocidad	
>200				

En este libro se indicarán el número de jugadores y la división y distribución de los espacios. No obstante, para que la tarea se adapte a cada equipo, estado físico de los jugadores, modelo de juego y metodología, cada entrenador la deberá adaptar en cuanto a metros las distancias, los espacios e incluso en número de jugadores en algunos casos para tener un mejor desarrollo con su equipo.

Las tareas no tendrán límites de toques, contactos o golpeos para conseguir nuestro objetivo, ya que habrá jugadores que necesiten o decidan utilizar un número mayor por necesidades del juego, por condiciones técnicas o por condicionantes físicos de desarrollo. No obstante, al ser tareas abiertas, el entrenador podrá condicionarlas si lo cree necesario u oportuno para conseguir los beneficios pretendidos conociendo la realidad a la que las va a exponer.

EL TIRO EN FÚTBOL

El tiro es definido por Real Academia Española como *la acción o efecto de tirar.*

El tiro es la acción técnica individual consistente en todo envío del balón sobre la portería contraria teniendo como fin introducirlo en la misma. Este golpeo podrá realizarse con todas las superficies que permite el reglamento, con especial importancia de los pies y la cabeza.

El objetivo final del juego de un equipo, independiente de la forma en la que se produzca, es el tiro con la intención de hacer gol.

La importancia del tiro recae sobre el reglamento, en el que dice que un partido lo gana el equipo que realiza más goles dentro del tiempo reglamentario. La forma de llegar al gol es el tiro, aunque se puede introducir el balón en la portería propia o contraria de manera involuntaria por parte de un equipo, es la forma de intentar conseguir sumar un gol para nuestro equipo.

Las ocasiones de gol se concretan con el tiro a puerta y es el objetivo de la fase del juego en la que un equipo está en posesión del balón. Aunque es una acción individual, forma parte del juego colectivo del equipo como finalidad de las acciones.

La variedad de acciones posibles para realizar un tiro es muy extensa, pero la mayor parte de los autores coinciden en los siguientes tipos de tiro teniendo en cuenta algunas variantes:

1.- Teniendo en cuenta el jugador que lo ejecuta:

- Si lo efectúa parado esperando el balón.
- Si lo realiza en movimiento recibiendo el balón.
- Si lo ejecuta después de una acción técnica individual (control, regate, finta o conducción).
- Si lo lleva a cabo con o sin oposición del adversario.

2.- Teniendo en cuenta el balón:

- Según su procedencia (frontal, de atrás, lateral o diagonal).
- Según su altura (rasos, altos o a media altura).
- Según su posición (si el balón está parado o en movimiento).
- Según cómo llegue (sin botes, botando, con un bote o a bote pronto).
- Según su trayectoria (con o sin efecto, ascendente o descendente, rectilíneo, paralelo al suelo o curvilíneo).

3.- Respecto a la portería:

- Según el ángulo de tiro (frontal, angulado a un lado).
- Según la distancia de tiro (corta, media o larga).

Hay algunos momentos en los que "se aconseja el tiro" y otros en los que "no es aconsejable" ejecutarlo, pero es interpretable en cada acción por el jugador y la eficacia y eficiencia dependerá del resultado (si es gol o no).

Es un buen momento para realizar un tiro en las siguientes circunstancias:

- Cuando las posibilidades de golpeo pueden conseguir éxito al estar en zona de tiro con una distancia adecuada.
- Cuando existe un ángulo de tiro favorable.
- Cuando se puede efectuar o no hay necesidad de realizar otra acción técnica previa.
- Cuando el portero se encuentra tapado por defensas y adversarios, tiene poca visibilidad y cualquier jugador puede desviar la trayectoria levemente.
- Cuando hemos desequilibrado al portero con una finta previa o no está en condiciones de intervenir.

No es un buen momento para realizar un tiro:

- Cuando un compañero se encuentra en mejor situación y se le puede pasar el balón.
- Cuando son hay ángulo de tiro.

- Cuando las posibilidades de que llegue a la portería por la distancia o por la zona de tiro, son escasas.
- Cuando el balón viene en condiciones desfavorables para el tiro.

Hay una serie de aspectos y de consideraciones, en las que coinciden muchos autores, que hay que tener en cuenta para la realización del tiro y que este sirva para conseguir su propósito, el gol:

- El tiro debe ser preciso, espontáneo y con la fuerza adecuada. Para ello, el jugador debe dominar la técnica del golpeo con todas las superficies de contacto, tener dominio en los apoyos, adquirir una buena coordinación de movimiento y equilibrio.
- La superficie de contacto a emplear y la precisión son directamente proporcionales (a mayor superficie de contacto, mayor precisión).
- La superficie de contacto a emplear y la velocidad, son inversamente proporcionales (a menor superficie de contacto, mayor velocidad de salida tiene el balón).
- La ejecución ha de ser lo más rápida posible para intentar sorprender al contrario y adquirir una ventaja.
- Un tiro ha de ser ejecutado con decisión, valentía, confianza, convencimiento, agresividad deportiva y concentración en la acción.
- Es conveniente saber la posición del portero en el tiro y conocer fortalezas y debilidades.
- Decidir/ejecutar rápido.
- Tener ángulo para realizarlo.
- Manejar distintos recursos para su ejecución.
- Si el balón viene en malas condiciones o no se está preparado para chutar, no se debe tirar por tirar.
- Conocer la situación de los compañeros.

La diferencia del tiro con respecto a otras acciones o medios que se puedan utilizar durante el juego es que el tiro solo tiene la intención de hacer gol o finalizar la jugada.

Decir que la técnica es sólo una acción motriz carece de toda base práctica, ya que cualquier acción requiere un contexto para su ejecución y el jugador es una realidad indivisible. Se podría decir que el tiro es una acción psicomotriz que necesita intervenir de manera eficaz y eficiente en el juego.

Las intervenciones requieren una interpretación de lo que está sucediendo, pero no puede ser reflexiva. No existe tiempo para valorar. Si el jugador se para a reflexionar y a valorar perderá cualquier tipo de ventaja que pueda tener ante una situación. Los entrenadores tenemos que darles herramientas para que su ejecución sea eficaz y para que el jugador sea eficiente. Digo eficaz porque los goles son válidos de igual manera, con la punta del pie que con el borde interno del mismo, siempre que entren de manera reglamentaria en la portería.

El jugador tiene que estar en condiciones óptimas para competir y poder rendir durante los partidos. Si un jugador falla un tiro en un partido no solo tiene que ocurrir porque sea malo técnicamente o porque no lo haya ejecutado bien; puede ser porque se puso nervioso ante la presión del rival y se precipitó, porque el portero reaccionó bien, porque eligió tirar y tenía a un compañero en una situación más favorable, porque el rival se anticipó a su acción...

Parar a los dos equipos en una simulación de la acción en la que se le explique al jugador en cuestión cómo o dónde tenía que haber ejecutado el tiro se considera una pérdida de tiempo y de energías que no producirá ninguna mejora en el jugador ni en el equipo. Hay que darle un *feedback* rápido y conciso y seguir con lo siguiente. Igualmente, después de esto, poner a un jugador enfrente de la portería y hacer un alto número de repeticiones del tiro para la corrección de lo sucedido buscando una mejora del juego colectivo sigue siendo poco útil. Las situaciones rutinarias se olvidan.

Se aprende a tirar equivocándonos en el tiro, y tirando una y otra vez en distintas situaciones, lo importante no es que el tiro esté bien ejecutado en cuanto a unos patrones de ejecución del gesto técnico (que es lo que queríamos), lo importante es que, cuando lo falle, lo recupere pronto o cómo nosotros le pedimos que lo recupere para poder tener otra posibilidad de tirar a portería y conseguir el gol que es el objetivo, por ejemplo.

Entonces, tenemos que preparar al jugador para que sea capaz de resolver todas las acciones del juego, porque a lo mejor lo que estuvo mal ("con el periódico del lunes") no es el tiro, sino que no debió pasar para seguir manteniendo el balón y atraer a los rivales, creyó que el portero estaba vencido hacia un lado y no era así... Con lo cual, tenemos que preparar a los jugadores para que sean capaces de resolver las situaciones de juego.

La tendencia para corregir un error es aislarlo y trabajarlo de manera aislada para la mejora del rendimiento, pero la experiencia y el entendimiento del juego como una realidad única indisoluble hace pensar que nos acerca más al error porque no produce una mejora en el juego colectivo, sino una mejora de una acción aislada, que nunca más se volverá a repetir durante la vida deportiva del jugador en idénticas circunstancias.

En la búsqueda de la perfección de los modelos de juego, los entrenadores tendemos a desmenuzar el juego con principios, subprincipios, subsubprincipios... que nos hacen explicar cómo juega nuestro equipo y esto hace que en muchas ocasiones nuestros entrenamientos se pierdan en la mejora de factores técnicos aislados que pensamos que son los que hacen errar a los jugadores aunque puede ser, por poner un ejemplo, que nuestro modelo de juego les esté pidiendo a nuestros jugadores cualidades técnicas que no les pertenecen, que no son las que les hacen mostrar su talento o que la decisión no haya sido la adecuada.

En etapas de formación nos gusta enseñarles a los jóvenes futbolistas cómo es el golpeo para la ejecución del tiro y hacer esa demostración *"que saca a relucir esa calidad técnica que tenemos todos los entrenadores, muy superior a la de nuestros jóvenes aprendices"*.

El futbolista bueno que todos queremos tener en nuestro equipo es el que sabe cuándo tiene que tirar en vez de conducir o pasar, el que tira "bien" a portería, el que interpreta la acción de un compañero, el que se anticipa al juego del contrario...., en definitiva, el que toma bien las decisiones sobre el terreno de juego.

Es igual de válido un tiro con el interior del pie que con la puntera del mismo siempre y cuando introduzca en la portería de manera reglamentaria el balón. Puede no ser igual de estético según los patrones motrices del tiro, pero si el futbolista puede ejecutarlo con destreza y consigue su objetivo de manera habitual... ¿por qué no?

Cuando entrenamos o preparamos a nuestros equipos tenemos que diseñar nuestras sesiones de entrenamiento. Hoy en día se hacen multitud de tareas intentando "perturbar" la decisión para condicionar al jugador en su toma de decisión; se utilizan varias "estrategias" como cambiarle el color en el último momento que le indica dónde tiene que tirar, decirle un número para que tenga que desplazarse hacia un lugar, tocar el silbato y finalizar la jugada...: He llegado a ver a un entrenador de porteros que trabaja con fuego para nublar la visión del portero y que los hace saltar de un tren. Y yo me pregunto por qué en un "juego" como el fútbol, en el que intervienen tantos factores, que queremos que el jugador domine y sepa interpretar en cada momento, los estímulos que utilizamos para que el jugador ejecute no tienen nada que ver con el juego.

La visión periférica es importante, pero saber poner el foco en lo relevante es clave para la correcta toma de decisión. Existe un gran número de trabajos aplicados desde el área física, en su mayor parte, que utilizan estas teorías y estos artículos científicos sobre el aprendizaje en los entrenamientos, pero muy alejados del juego.

En todas las facetas del entrenamiento se intentan copiar procedimientos de otros deportes que a lo mejor están más avanzados o tienen un mayor grado de estudio y demuestran transferencia. Las situaciones no se repiten nunca en el juego, no hay dos pases iguales en un partido, no hay dos tiros iguales en un partido, no hay dos ataques iguales en un partido... Entonces, si estamos de acuerdo en esto, ¿no sería mejor preparar a nuestro equipo para que sepa reaccionar mejor ante las situaciones que se dan en el juego y ante estímulos que tengan que ver con este y no con colores, números, palmadas, pitido del silbato...? Existen dudas de que en un entrenamiento el hecho de que un jugador "vea el rojo y tire hacia donde está el color rojo", tenga algo que ver con el juego, con su preparación y con su mejora como futbolista. Mejorará capacidades del individuo, pero no se entiende que mejore como jugador de fútbol. Es como si pensáramos que a un atleta de 50 metros lisos le va a producir una mejora de su rendimiento en la competición sentarse en el lugar rojo antes que otro atleta después de ver ese color.

Además de esto, nos encontramos con una variable más que, en nuestro intento por "perturbar" el juego al jugador, nos lleva a querer inventar, hasta el punto de que no somos conscientes de que estamos "desentrenando" a nuestros jugadores. ¿Qué pasa en un partido cuando suena un silbato? Pues que se pone en juego el balón o que se tiene que detener el juego. Y si nosotros usamos el silbato para cambiar de zona de juego, para tirar a portería, para pasar el balón... estamos utilizando un estímulo que el jugador tiene que identificar durante el partido para sacar rápido, pararse... para algo que no le va a ser útil después e, incluso, puede crearle alguna confusión en edades tempranas.

Con esto no quiero decir que no se hagan juegos de activación, que no se hagan este tipo de tareas que nos pueden servir para entretener a los jugadores o como dinámicas de equipo o para otro tipo de mejoras, sólo expreso que, si queremos entrenar fútbol y sacar mayor rendimiento a los entrenamientos, los que no disponemos de muchas horas para poder entrenar a nuestros equipos tenemos que intentar que nuestras tareas tengan la mayor transferencia al juego posible.

Siempre será mejor trabajar para que nuestro equipo en una tarea pase a atacar cuando pierda el balón el equipo contrario, pase cuando haya un movimiento de desmarque del compañero, presione cuando el equipo contrario llegue a una zona, tire cuando sea la mejor opción... y conseguiremos mayor transferencia al juego o a nuestro juego, según el equipo donde estemos, la edad o capacidad de los jugadores que entrenemos y el modelo de juego que queramos desarrollar con nuestro equipo. Ayudaremos al jugador a comprender el juego.

Se podría argumentar que estos estímulos intentan "molestar" al jugador para entrenar la capacidad de enfocarse en lo que está haciendo. Estímulos que nunca se va a encontrar en un partido y respuestas, en algunos casos, que nunca se van a dar en un partido.

¿Y si lo ponemos a tirar a portería ante la presión de un rival? El jugador tendrá que identificar el estímulo al que tiene que reaccionar (encontrar el momento para tirar) y aprovechar la ventaja de tener el balón en posesión. Y si, además, el jugador tiene la opción de tirar o encontrar a un compañero en mejor situación de tiro y, si falla el tiro, tendrá la posibilidad de recoger el rechace... podremos aumentar la carga cognitiva de lo que estamos entrenando utilizando elementos del juego. Estímulos ante los que tendrá que reaccionar y dar una respuesta o descartar.

De esta manera, conseguiríamos contextualizar las acciones, hasta el punto de que consideremos necesario y se atienda al nivel de los jugadores a los que vayamos a exponer las tareas. Controlando y adaptando las cargas cognitivas.

Hay que intentar como entrenadores, que el entrenamiento sea un medio facilitador del aprendizaje.

Nuestro objetivo como entrenadores es ayudar a nuestros jugadores en su proceso de aprendizaje, bien sea en formación o en alto rendimiento, compitiendo. Durante un partido de fútbol, por mucho que intentemos que la competición sea lo más sana y educativa posible en su iniciación, se compite con un rival para ganarle, porque es inherente al juego mismo. Los estímulos y las respuestas tienen que estar encaminados al aprendizaje del jugador y tienen que tener estrecha relación con lo que puede pasar en un partido para que el aprendizaje sea significativo, bien porque la situación requiera siempre la misma respuesta (por ejemplo, tirar a portería) y que la decisión sea cómo tirar (fuerte o flojo) o bien una situación en la que haya muchas respuestas (tirar, pasar, conducir, regatear,...) y muchas posibles decisiones dentro de esa respuesta (puede haber infinitas en la ejecución).

Para ello, la complejidad de la tarea irá estrechamente relacionada con la capacidad de aprendizaje y el desarrollo de las capacidades del jugador o del equipo.

Las tareas más analíticas en el aprendizaje, para la mejora de los gestos técnicos como tales, deben llevar una toma de decisión para su eficiencia, ya que enseñar los gestos técnicos disociados de todas las variables del juego preparan al jugador para tener destreza en un golpeo determinado, a una distancia determinada, aplicando la misma fuerza y sin ninguna toma de decisión y los jugadores están constantemente tomando decisiones en un partido por la realidad cambiante del juego. Por ejemplo, un tiro desde la misma distancia a la portería sin portero es una tarea o ejercicio que sólo le producirá al jugador una mejora del tiro a esa distancia precisa y el aprendizaje carecerá de mejora cognitiva alguna. Mientras que ese tiro, si el portero está variando el lugar en que se coloca, modificando desde donde parte, con la posibilidad de que un compañero recoja el rechace, cambiando de espacios,... o cualquier otra variable que haga que la repuesta sea siempre la misma (que consistirá en tirar), la decisión de la ejecución será distinta y el proceso de aprendizaje llevará una carga cognitiva mayor y esto repercute directamente en la mejora del jugador en cuanto a sus respuestas en el juego.

Los condicionantes espaciotemporales, humanos y reglados de las tareas tendrán estrecha relación con el juego; no puede ser un condicionante para el jugador una cuerda para marcar la altura del tiro, el condicionante debe tener relación con el juego, por ejemplo, poner un rival entre él y el portero que está en la portería e ir adaptando los espacios y número de jugadores al proceso de aprendizaje y al jugador o los jugadores.

En las siguientes tareas los estímulos e indicadores para tirar serán los propios del juego para identificarlos en cada momento. Realizar un pase, tirar, conducir o cambiar de zona después de un estímulo auditivo (voz del entrenador, silbato...) o cualquier otro que no tenga nada que ver con lo que pueda pasar en un partido (mostrar un color, aviso del entrenador o de un compañero,...) nos ayudarán a realizar las tareas, pero no a utilizar con la destreza específica el tiro y a desarrollar el aprendizaje en el jugador; con lo cual, los estímulos, indicadores o recursos utilizados tendrán transferencia al juego y podrán ser adaptados por el entrenador atendiendo a la realidad a la que los vaya a exponer.

SIMBOLOGÍA

Jugadores Equipo A	○
Jugadores Equipo B	●
Jugadores Equipo C	○
Desplazamiento sin balón	
Control orientado	
Desplazamiento del balón	
Conducción del balón	
Desplazamiento del balón por alto	
Tiro a puerta	
Balón	

LA TOMA DE DECISIÓN EN EL TIRO EN FÚTBOL

50

TAREAS PARA SU ENTRENAMIENTO

Tarea N° 1	Objetivo Principal	Mejora del tiro a portería
	Jugadores	2 (1xP)

Explicación

El portero en el punto de penalti, pasa el balón al jugador y se dirige a uno de los postes. El jugador que se adelanta al cono o silueta debe tirar a portería para hacer gol.

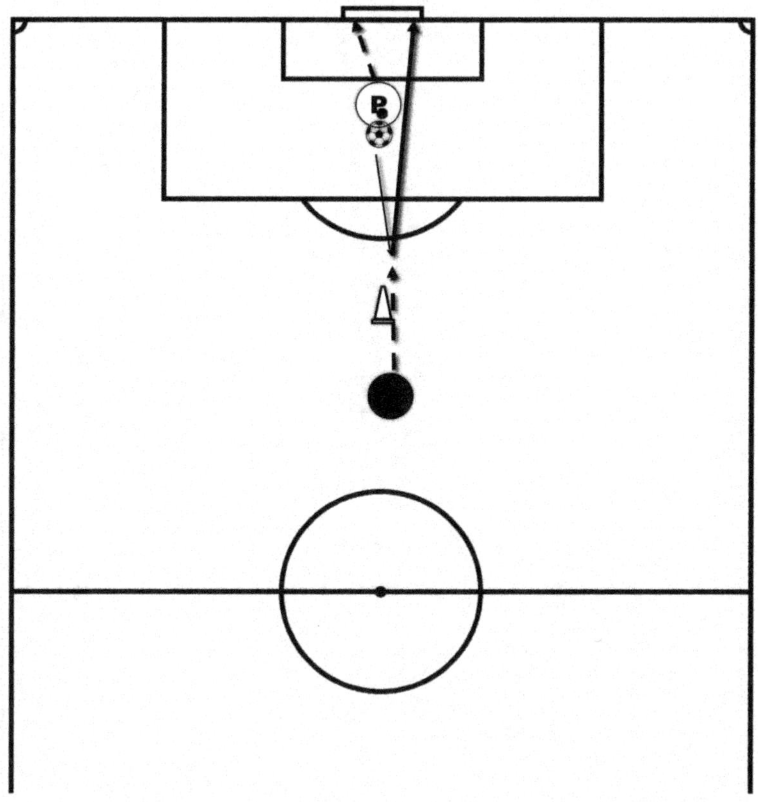

Tarea N° 2	Objetivo Principal	Mejora del tiro a portería
	Jugadores	2 (1xP)

Explicación

El portero en el punto de penalti, pasa el balón al jugador y puede retroceder a la portería o salir a acortar los espacios al jugador. El jugador que se adelanta al cono o silueta debe tirar a portería para hacer gol.

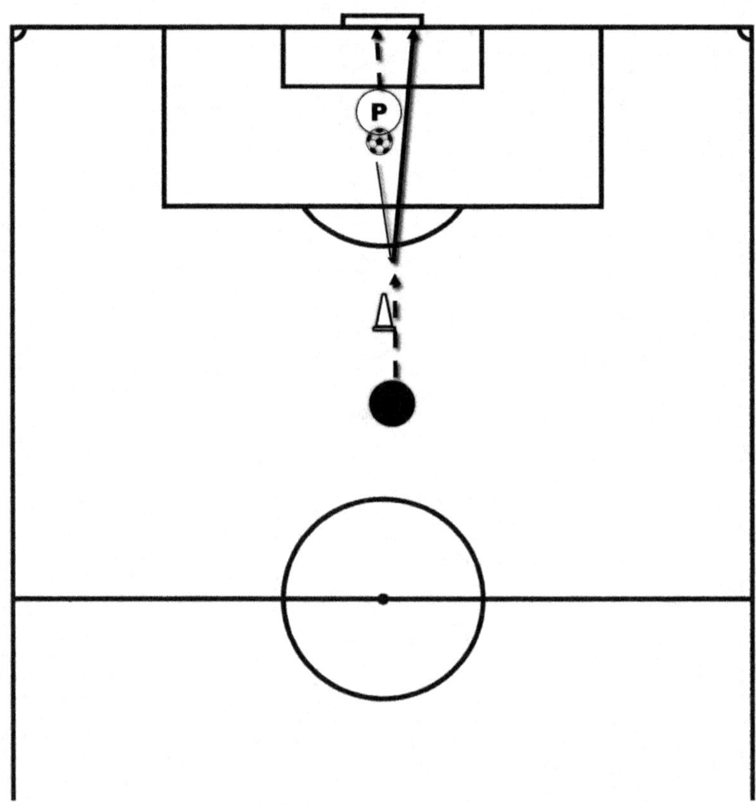

Tarea N° 3	Objetivo Principal	Mejora del tiro a portería
	Jugadores	3 (1x1+P)

Explicación

El portero en el punto de penalti, pasa el balón al jugador y se dirige a uno de los postes. El jugador que se adelanta al rival (que no podrá salir a presionarle hasta que lo vea) y buscará tirar a portería para hacer gol.

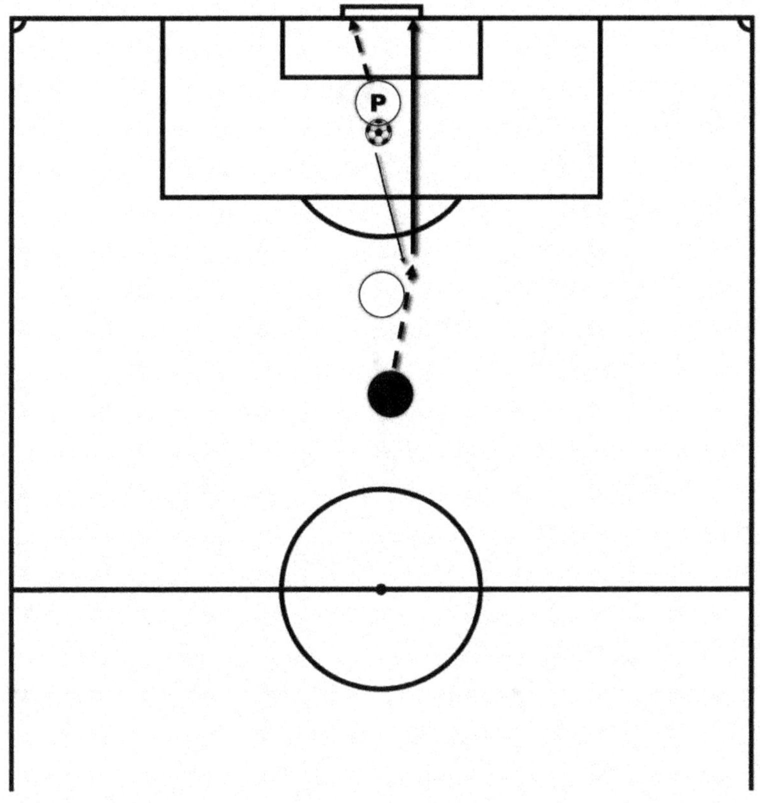

Tarea N° 4	Objetivo Principal	Mejora del tiro a portería
	Jugadores	8

Explicación

Los jugadores distribuidos como en la imagen. Cuando salga conduciendo el jugador con balón para tirar a portería, uno de los rivales de manera aleatoria intentará evitar el tiro.

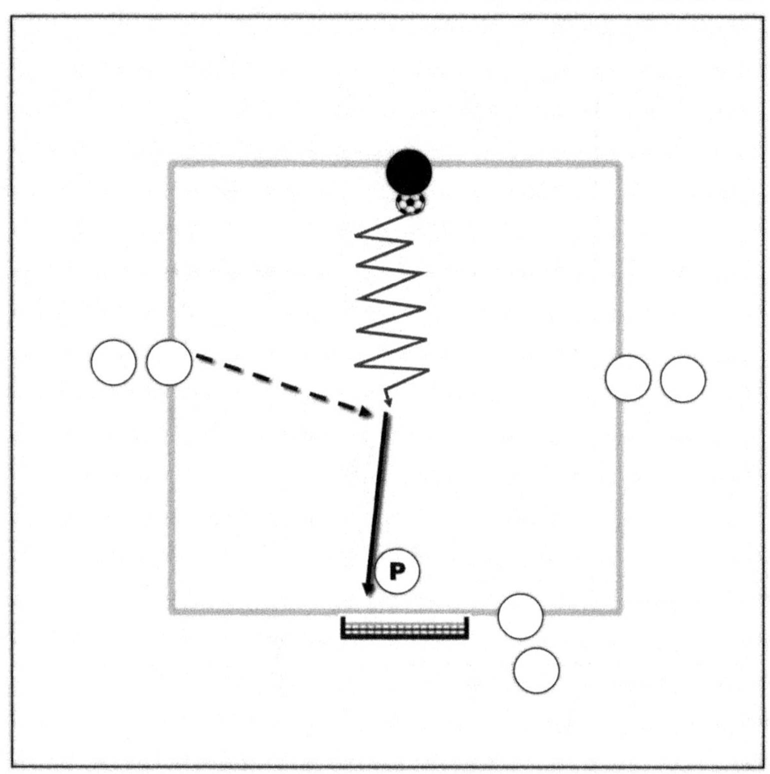

Tarea N° 5	Objetivo Principal	Mejora del tiro a portería
	Jugadores	5

Explicación

Los jugadores distribuidos como en la imagen. Cuando salga conduciendo el jugador con balón para tirar a portería. En el equipo blanco uno irá a presionar el tiro y otros retrocederán para interceptarlo cambiando en cada acción de manera aleatoria.

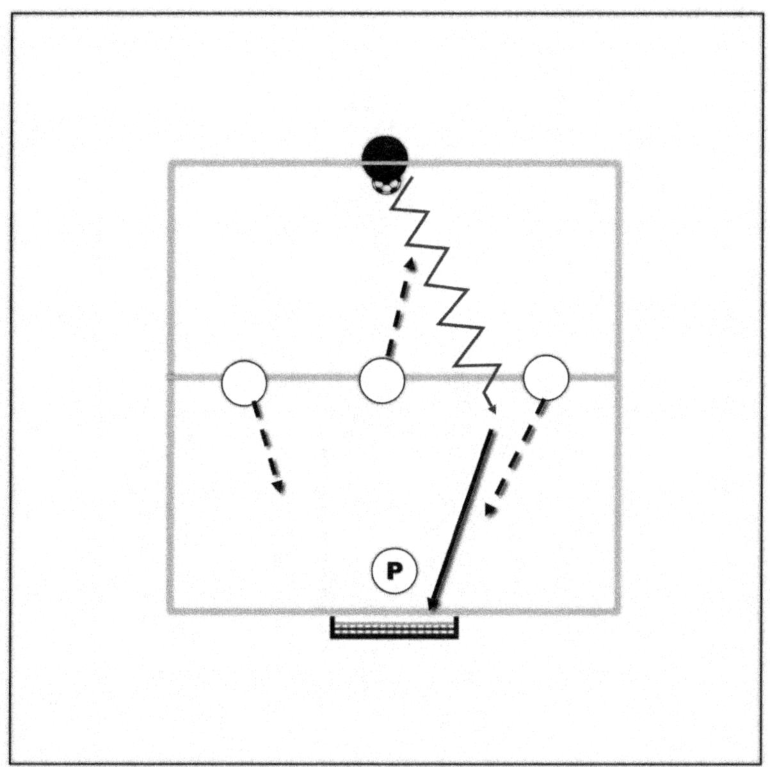

Tarea Nº 6	Objetivo Principal	Mejora del tiro a portería
	Jugadores	5

Explicación

Los jugadores distribuidos como en la imagen. Cuando salga conduciendo un jugador con balón para tirar a portería, los jugadores del equipo blanco desplazándose sobre las líneas intentaran obstaculizar e interceptar el tiro.

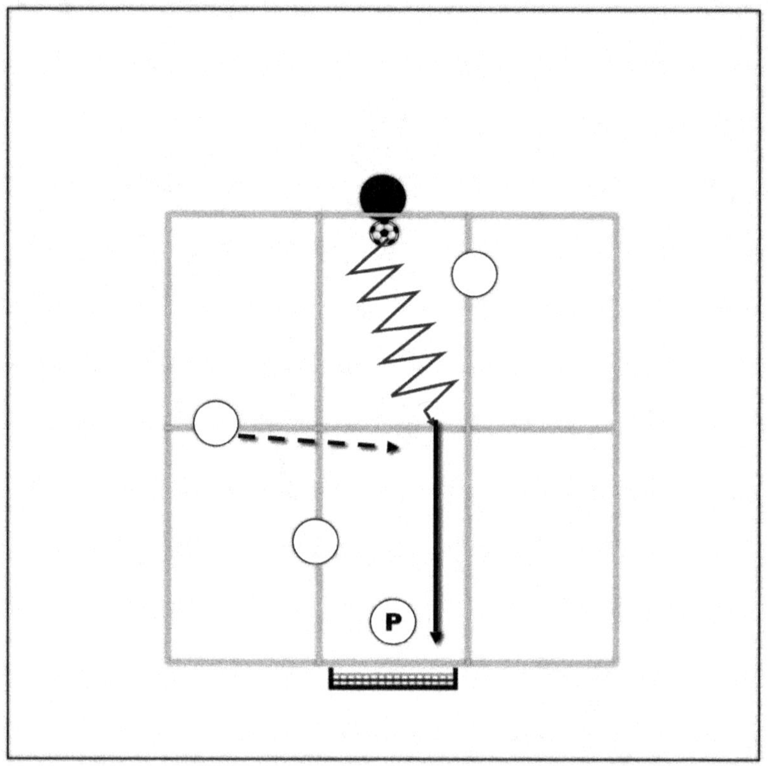

Tarea N° 7	Objetivo Principal	Mejora del tiro a portería
	Jugadores	8

Explicación

Los jugadores distribuidos como en la imagen. El jugador del centro pasará con el más alejado de la portería y cuando los jugadores del otro equipo entren a presionar pasarán al compañero cercano a la portería (que se desmarcará) para buscar la mejor opción de tiro. Sólo podrán entrar dos a presionar y nunca serán los mismos, ni de los mismos lugares.

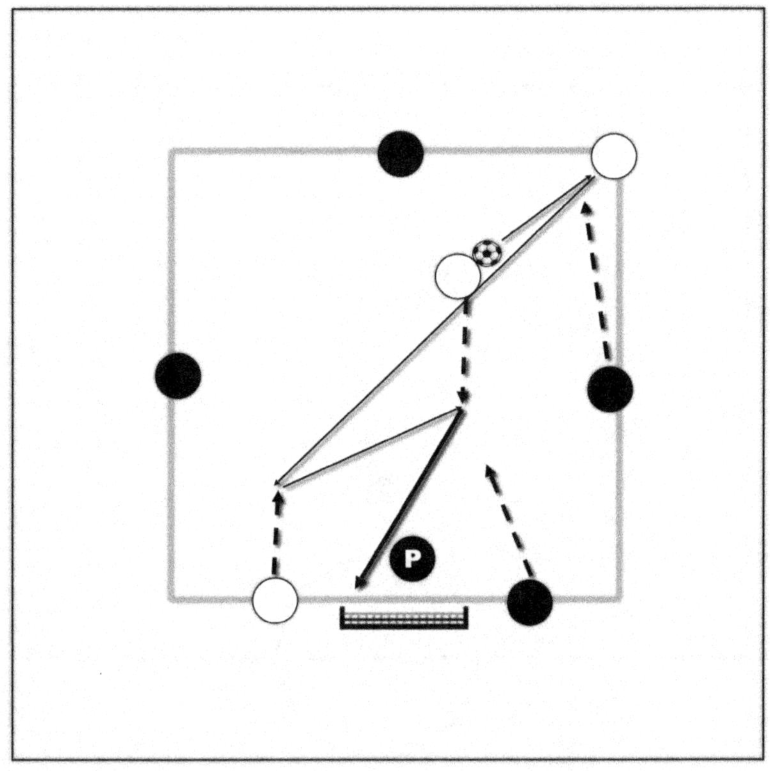

Tarea N° 8	Objetivo Principal	Mejora del tiro a portería
	Jugadores	4

Explicación

El jugador con balón conducirá hacia la portería y uno de los jugadores, de manera aleatoria irá a presionarle para evitar el tiro a portería.

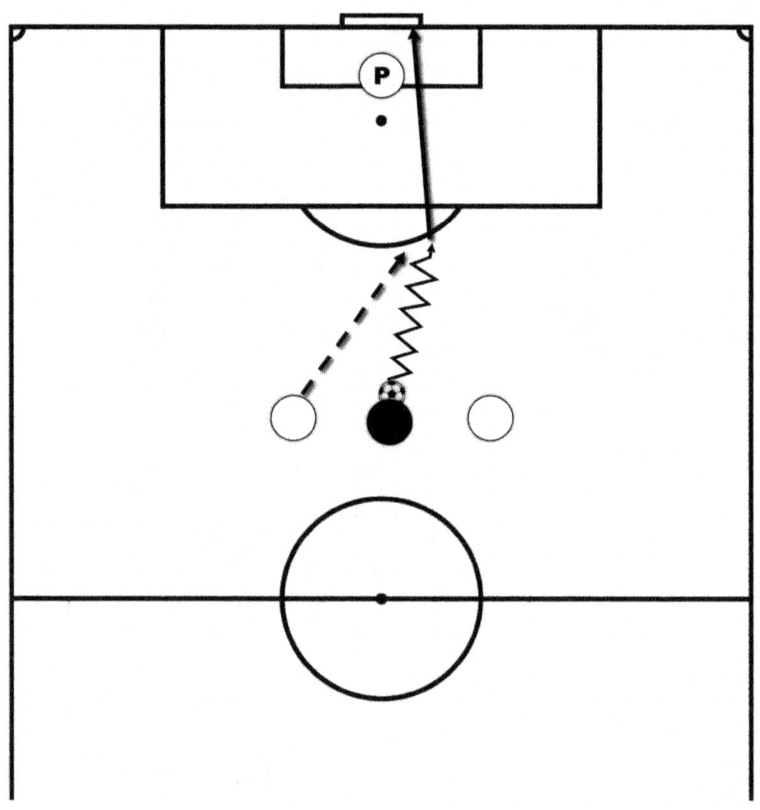

Tarea N° 9	Objetivo Principal	Mejora del tiro a portería
	Jugadores	6

Explicación

El jugador con balón conducirá hacia la portería y dos de los jugadores de manera aleatoria irán a presionarle para evitar el tiro a portería.

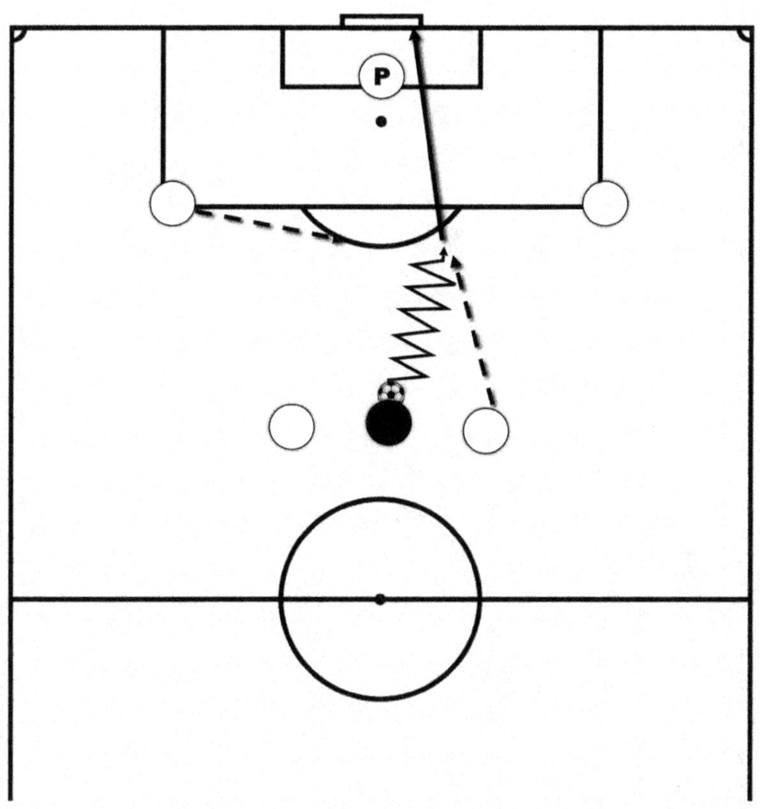

Tarea N° 10	Objetivo Principal	Mejora del tiro a portería
	Jugadores	7

Explicación

El jugador con balón conducirá hacia la portería y dos de los jugadores, de manera aleatoria irán a presionarle para evitar el tiro a portería.

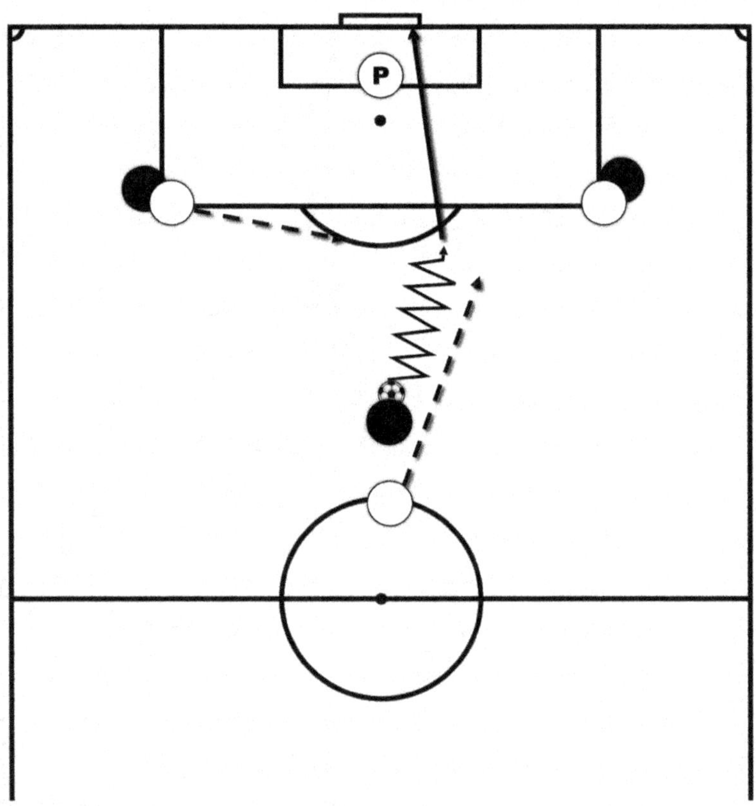

Tarea N° 11	Objetivo Principal	Mejora del tiro a portería
	Jugadores	7

Explicación

El jugador con balón conducirá hacia la portería y uno de los jugadores rivales que están con un jugador negro irá a evitar el tiro, liberando al compañero marcado. El jugador de atrás irá a marcar al jugador liberado. El jugador que conduce intentará tomar la mejor solución para el tiro tiro a portería.

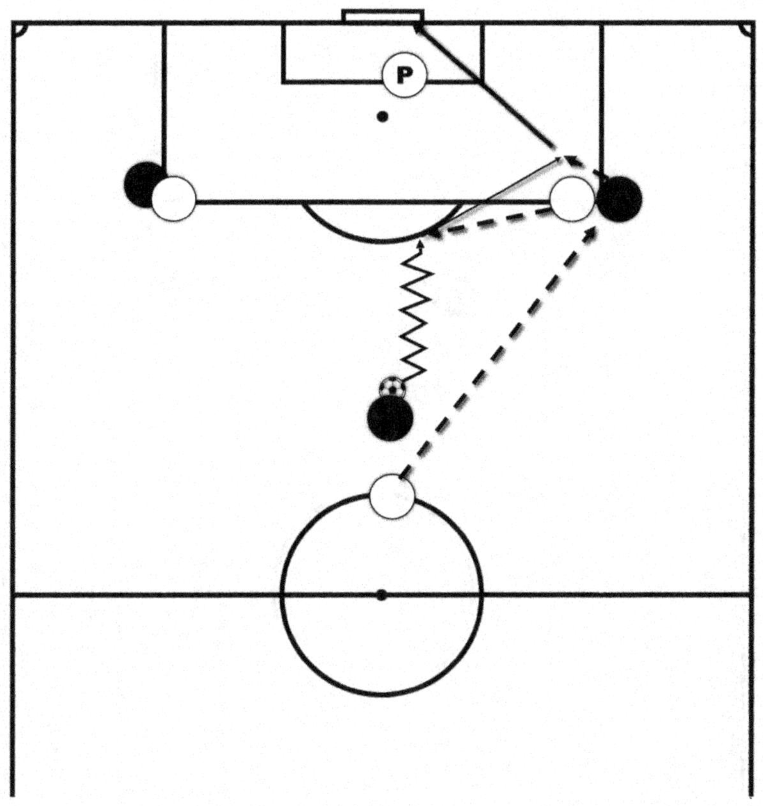

Tarea Nº 12	Objetivo Principal	Mejora del tiro a portería
	Jugadores	3 (1x1+P)

Explicación

Dos jugadores se pasan el balón y cuando uno decide sacar el balón del cuadrado para tirar a portería el otro va a presionarle para intentar evitarlo.

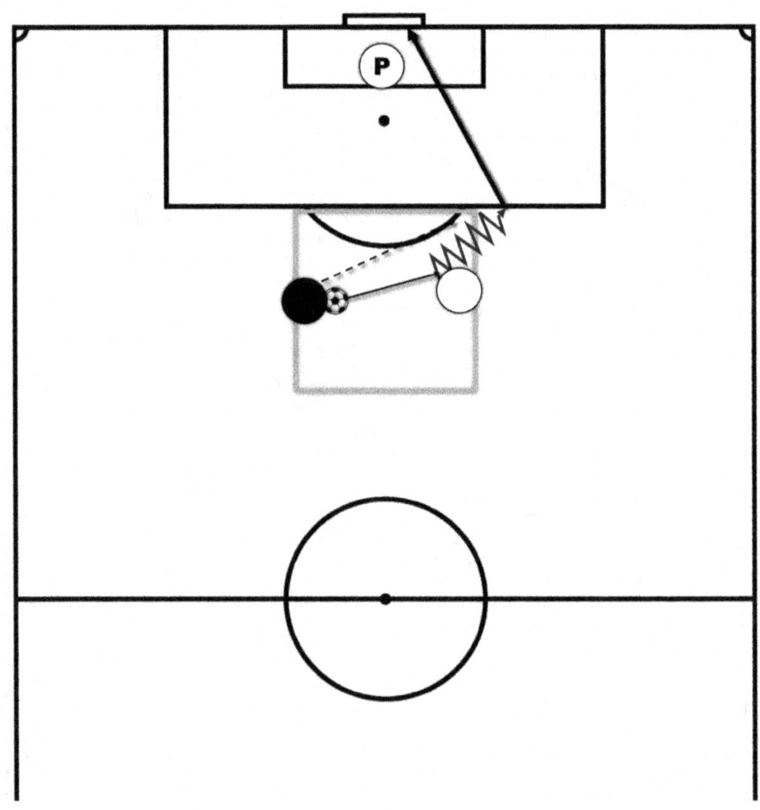

Tarea N° 13	Objetivo Principal	Mejora del tiro a portería
	Jugadores	5 (2x2+P)

Explicación

Dos jugadores equipo se pasan el balón sin que caiga al suelo entre ellos, una pareja de otro equipo entra en el cuadrado a presionar, roba el balón y sale a tirar a portería con la presión de los que perdieron.

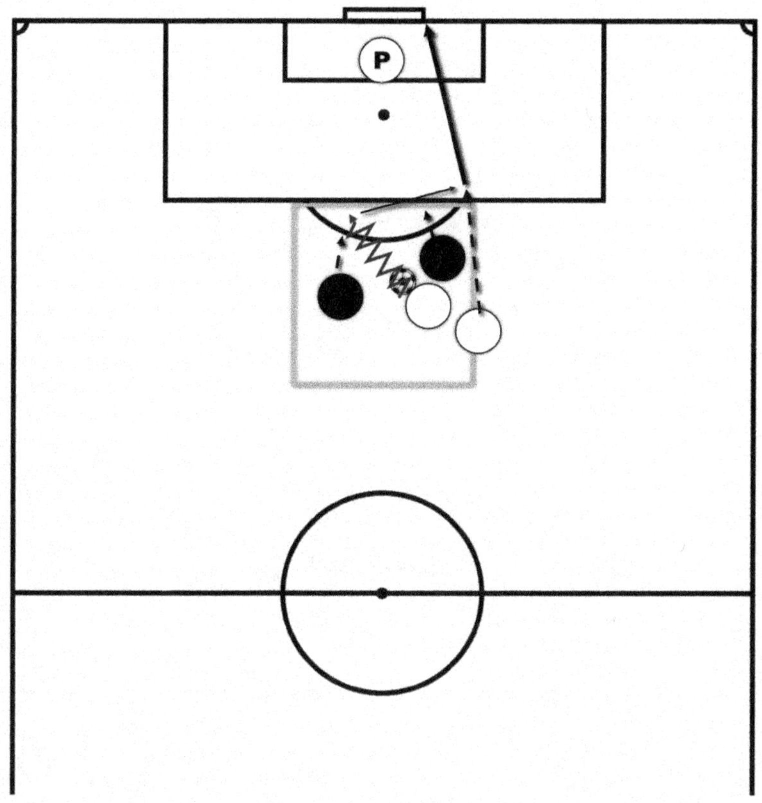

Tarea N° 14	Objetivo Principal	Mejora del tiro a portería
	Jugadores	3

Explicación

Los jugadores se pasan el balón y cuando el jugador del equipo negro decida salir de su cuadrado conduciendo para tirar el otro irá a presionar para evitar el tiro.

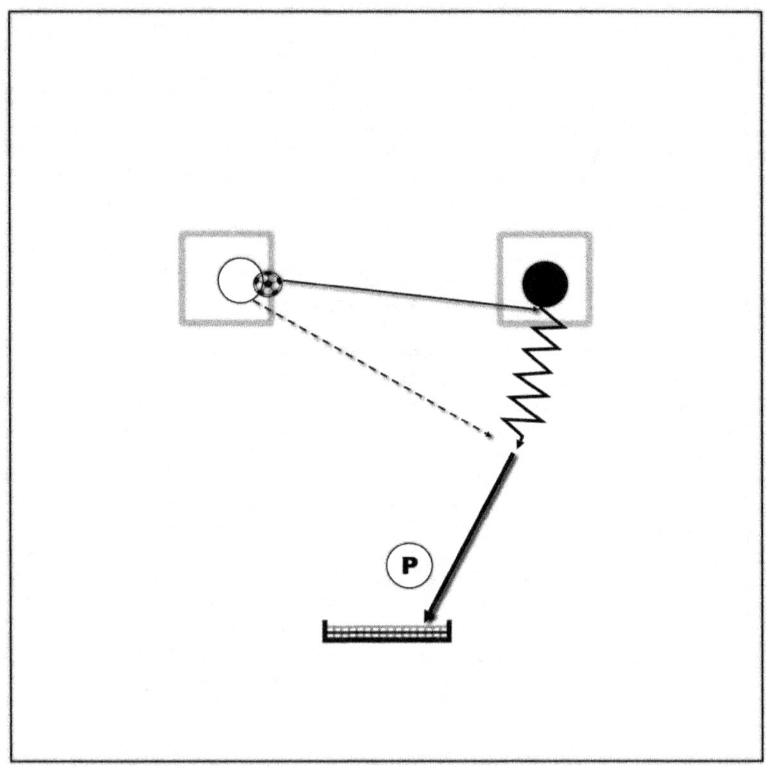

Tarea N° 15	Objetivo Principal	Mejora del tiro a portería
	Jugadores	4

Explicación

Los jugadores se pasan el balón y cuando uno decida salir de su cuadrado conduciendo para tirar a portería el otro irá a presionar para evitar el tiro.

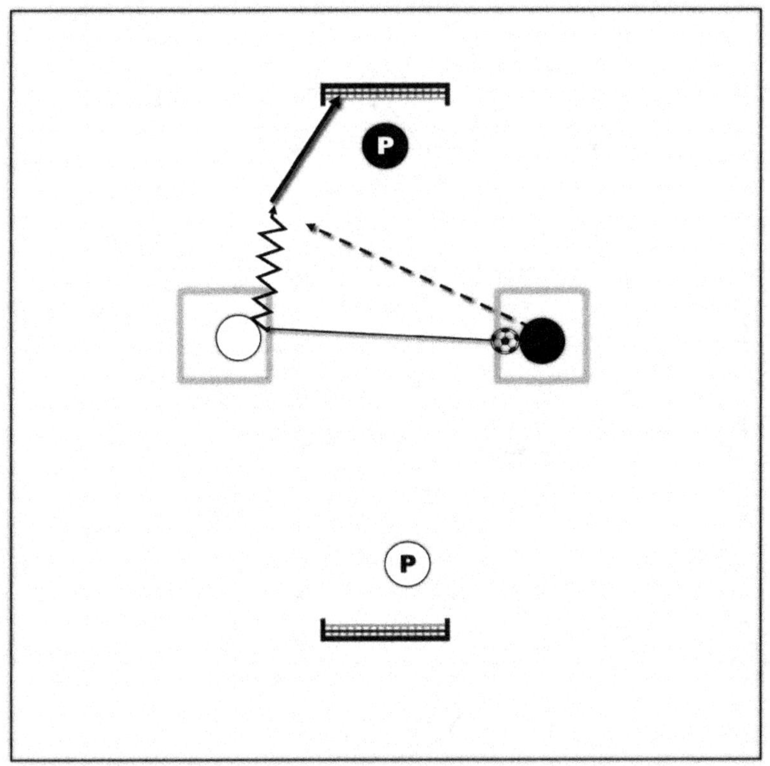

Tarea Nº 16	Objetivo Principal	Mejora del tiro a portería
	Jugadores	3 (1x1+P)
Explicación		

Dos jugadores se pasan el balón sin que caiga, cuando sale fuera o se cae el balón, el jugador que falló obstaculizará el tiro del otro.

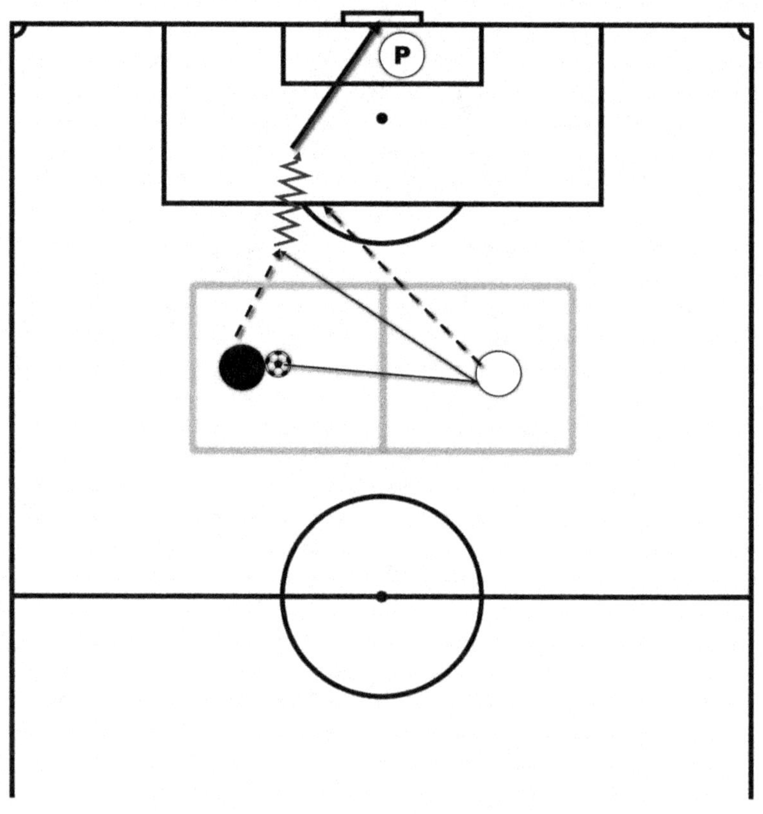

Tarea N° 17	Objetivo Principal	Mejora del tiro a portería
	Jugadores	8

Explicación

Los jugadores colocados como en la imagen, el equipo negro pasará el balón entre ellos, el equipo blanco podrá interceptar y atacar hacia la portería, alternado el número y la posición de los jugadores que atacarán. Al perder el balón el equipo negro, dos jugadores (que irán variando) presionarán para que no tiren a portería.

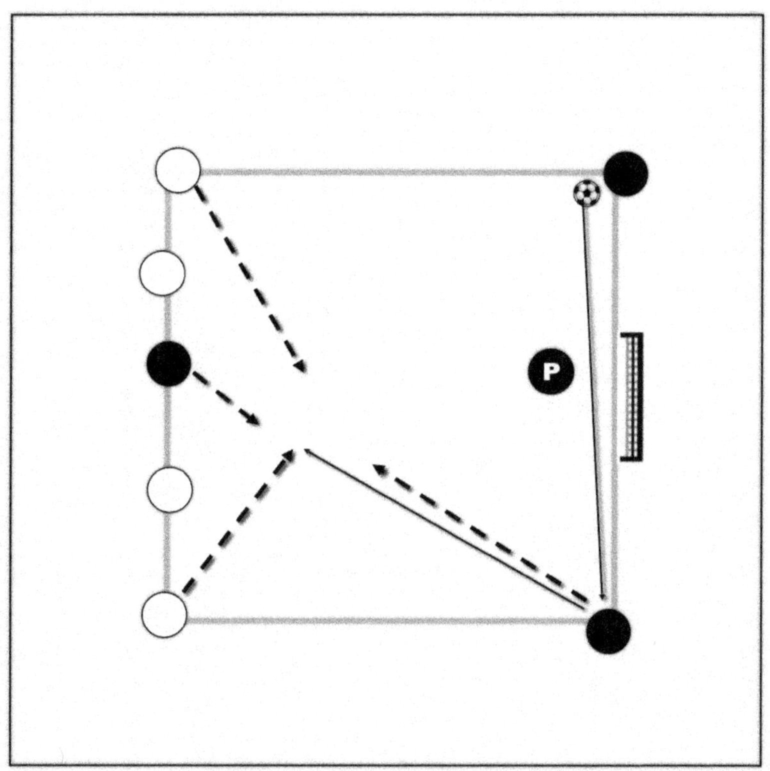

Tarea N° 18	Objetivo Principal	Mejora del tiro a portería
	Jugadores	8

Explicación

Los jugadores colocados como en la imagen, el equipo negro pasará el balón entre ellos, cuando jueguen con el más alejado de la portería, el equipo blanco podrá interceptar el pase y atacar hacia la portería, alternado el número y la posición de los jugadores que intentarán impedir el tiro a portería.

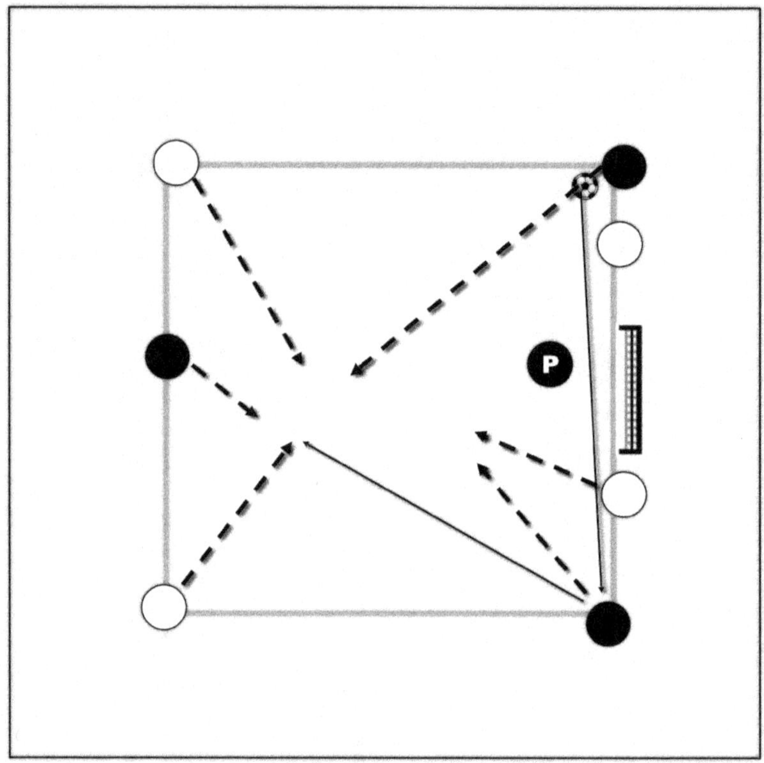

Tarea N° 19	Objetivo Principal	Mejora del tiro a portería
	Jugadores	11

Explicación

Los jugadores colocados como en la imagen, el equipo negro pasará el balón entre ellos por dentro, cuando un jugador del equipo blanco intercepte entrarán cuatro jugadores para tirar a portería, alternado la posición de los jugadores que que entran en cada ocasión. Al perder el balón el equipo negro, tres jugadores presionarán para evitar el tiro.

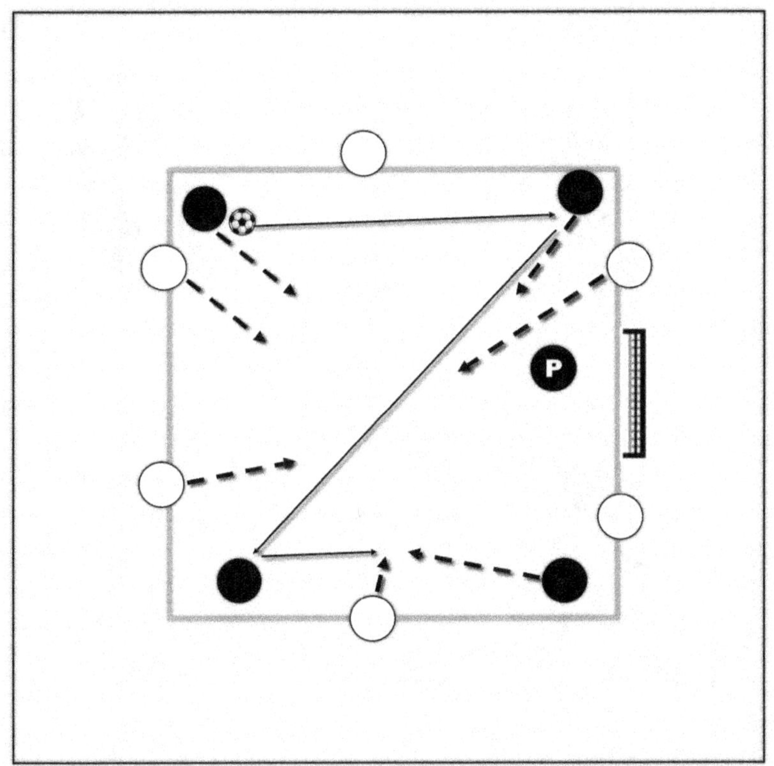

Tarea Nº 20	Objetivo Principal	Mejora del tiro a portería
	Jugadores	18

Explicación

Un jugador del equipo blanco sale con balón y y uno del equipo negro sale sin balón para evitar el tiro. El jugador del equipo blanco intentará tirar y el del equipo negro intentará que no. Cuando tire o pierda el balón saldrá uno de otro equipo y el que tiró o perdió tiene que ir a presionarlo, cuando este pierda o tire saldrá uno de otro equipo y así sucesivamente de manera aleatoria buscando siempre la mejor opción de tiro.

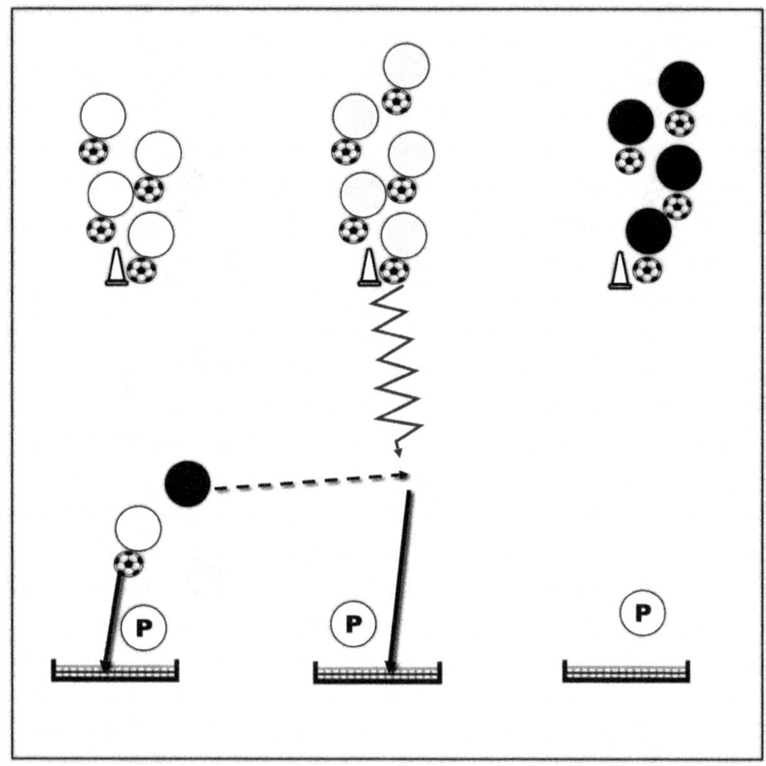

Tarea N° 21	Objetivo Principal	Mejora del tiro a portería
	Jugadores	2 (1xP)

Explicación

El portero detrás de la portería, pasa el balón al jugador y se dirige a la portería por uno de los lados. El jugador que se adelanta al cono o silueta debe tirar a portería para hacer gol.

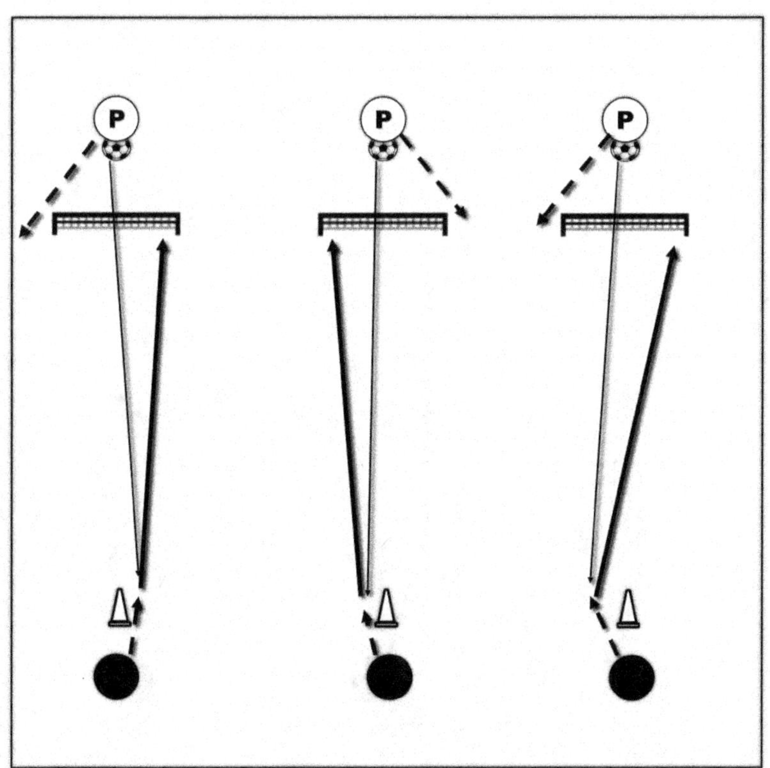

Tarea N° 22	Objetivo Principal	Mejora del tiro a portería
	Jugadores	3

Explicación

El portero pasa el balón al jugador que se adelantará al contrario (este no podrá reaccionar hasta que no lo vea) que le presionará para que no pueda tirar a portería.

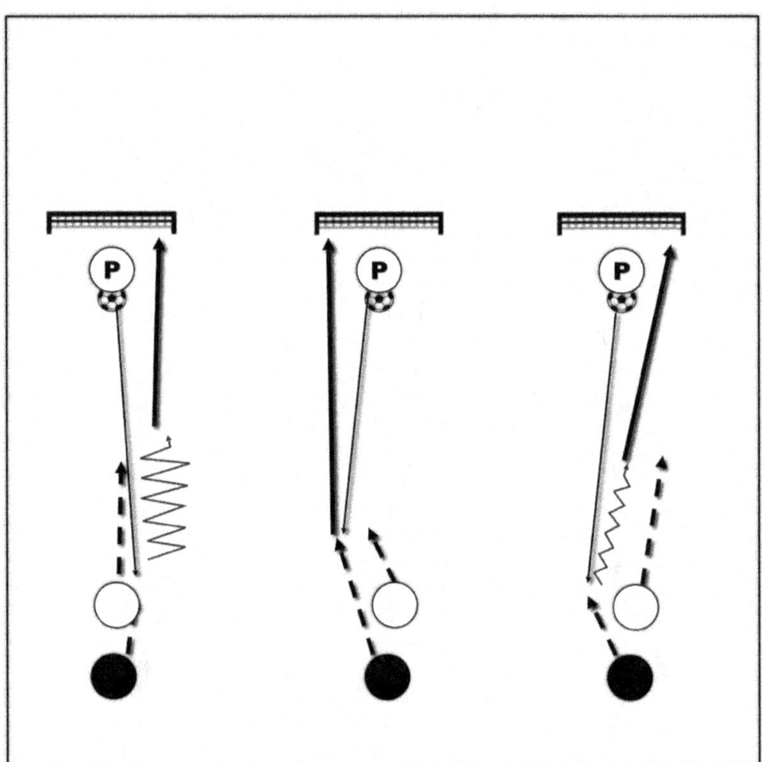

Tarea N° 23	Objetivo Principal	Mejora del tiro a portería
	Jugadores	6

Explicación

Los jugadores distribuidos cómo en la imagen. Los porteros sacan y los jugadores que defienden (blanco), podrán salir indistintamente hacia uno u otro jugador, cambiando en cada jugada sin que se sepa a cual van a presionar el tiro. Todos parten tras la silueta o cono para salir por un lado u otro

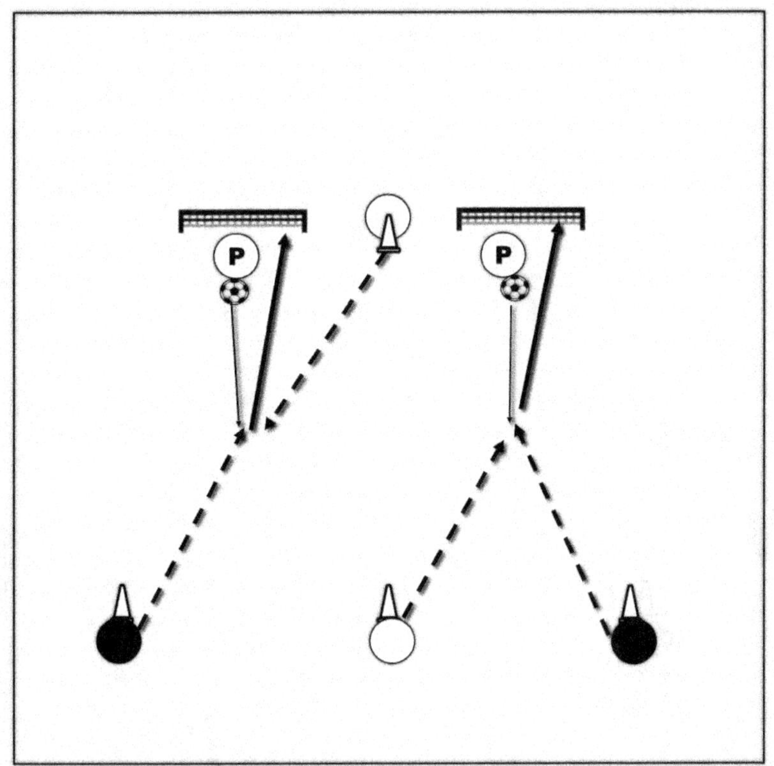

Tarea Nº 24	Objetivo Principal	Mejora del tiro a portería
	Jugadores	5

Explicación

Los jugadores distribuidos como en la imagen, tras los conos o siluetas y cuando les pasan el balón los porteros, salen hacia el balón para tiar. El jugador del centro irá hacia uno u otro a disputar el balón para tirar a portería.

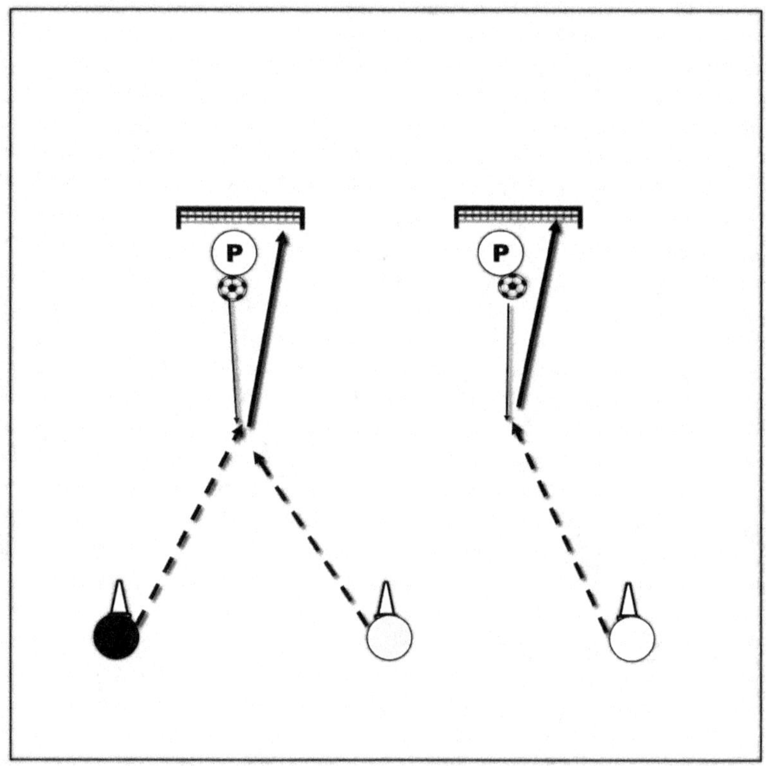

Tarea N° 25	Objetivo Principal	Mejora del tiro a portería
	Jugadores	10

Explicación

Los jugadores distribuidos como en la imagen. El portero pasa el balón al jugador (color negro) que se adelantará al cono o silueta para tirar a portería. De los 4 jugadores blancos sólo participan 3 que intentarán dificultar que puedan tirar a portería (irán alternando los que participan y a quien presionan sin que lo conozca el otro equipo).

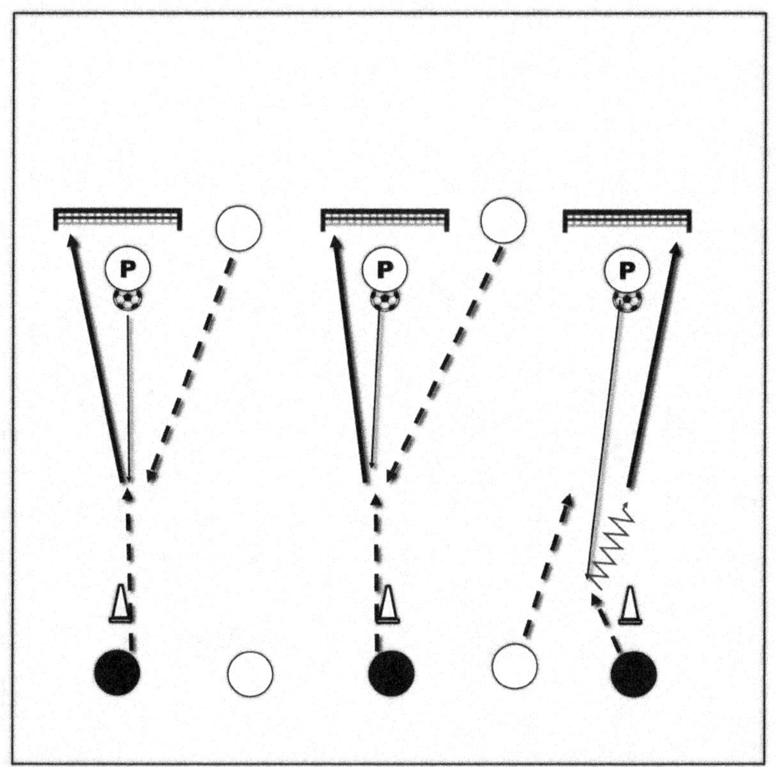

Tarea Nº 26	Objetivo Principal	Mejora del tiro a portería
	Jugadores	6

Explicación

El jugador del cuadrado pasa el balón al jugador que se adelantará al contrario (este no podrá reaccionar hasta que no lo vea), le presionará para que no pueda tirar a portería junto con otro jugador más y si lo considera podrá apoyarse en el compañero que le pasó el balón para hacer gol. El jugador que irá a presionar irá variando en cada ocasión.

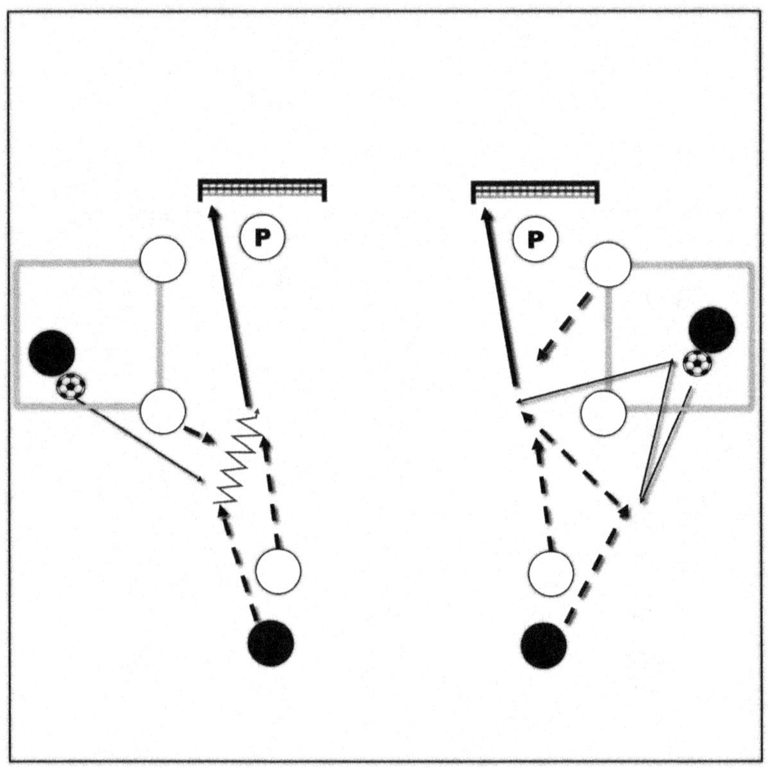

Tarea N° 27	Objetivo Principal	Mejora del tiro a portería
	Jugadores	5

Explicación

El jugador y los porteros distribuidos como en la imagen. Cuando el jugador recibe del portero tiene que volverse y tirar a la portería que está libre, porque el portero fue a presionarle y la dejo vacía. Los porteros cambiarán y dejarán otra portería libre al presionarle para volver a pasarle el balón y que se repita la acción variando la portería.

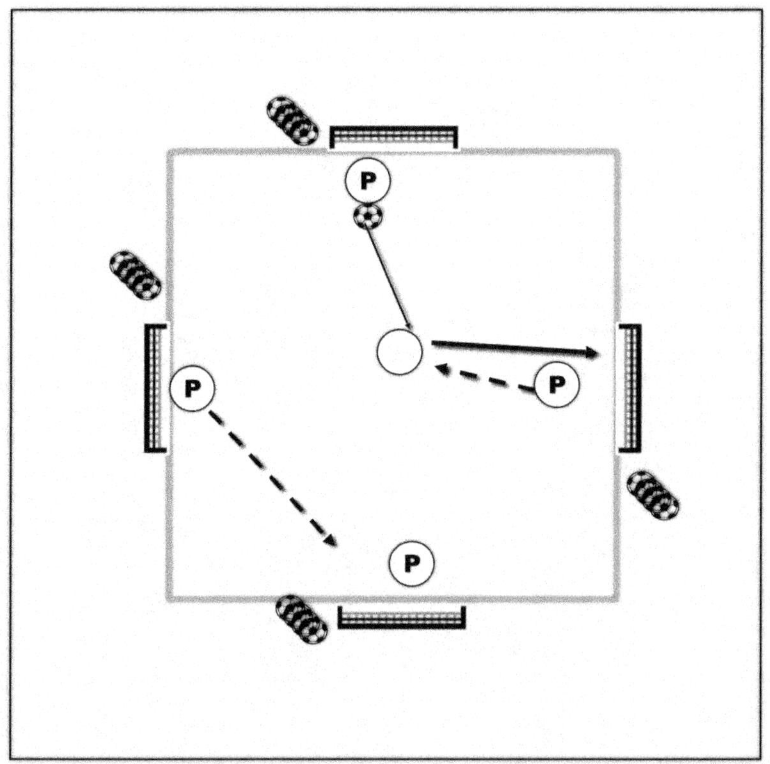

Tarea N° 28	Objetivo Principal	Mejora del tiro a portería
	Jugadores	5 (1x4P)

Explicación

El jugador y los porteros distribuidos como en la imagen. Tres porteros con balón y uno sin balón. Uno de ellos pasará el balón al jugador que tendrá que orientar el cuerpo y el balón cuando lo reciba para tirar a la portería donde el portero no tiene balón. Irá alternando el portero que le pasa y el que se queda sin balón de manera aleatoria.

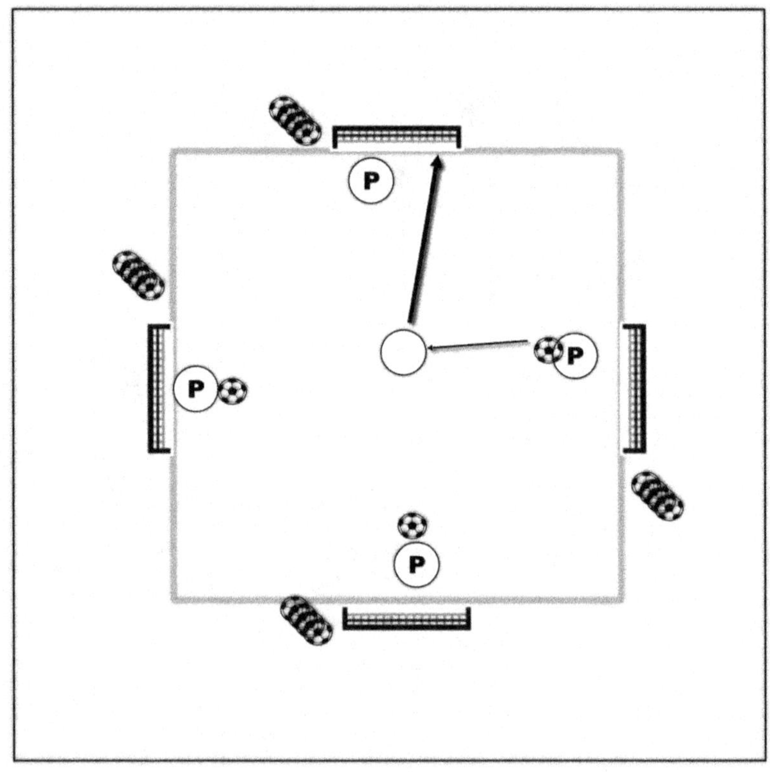

Tarea N° 29	Objetivo Principal	Mejora del tiro a portería
	Jugadores	5

Explicación

Los jugadores distribuidos como en la imagen. Cuando el jugador recibe del portero tiene que volverse y tirar a la portería que tiene el portero y los otros 2 jugadores irán a presionarle. Los porteros cambiarán con los jugadores para repetir la acción variando la portería y el lugar desde donde se recibe la presión.

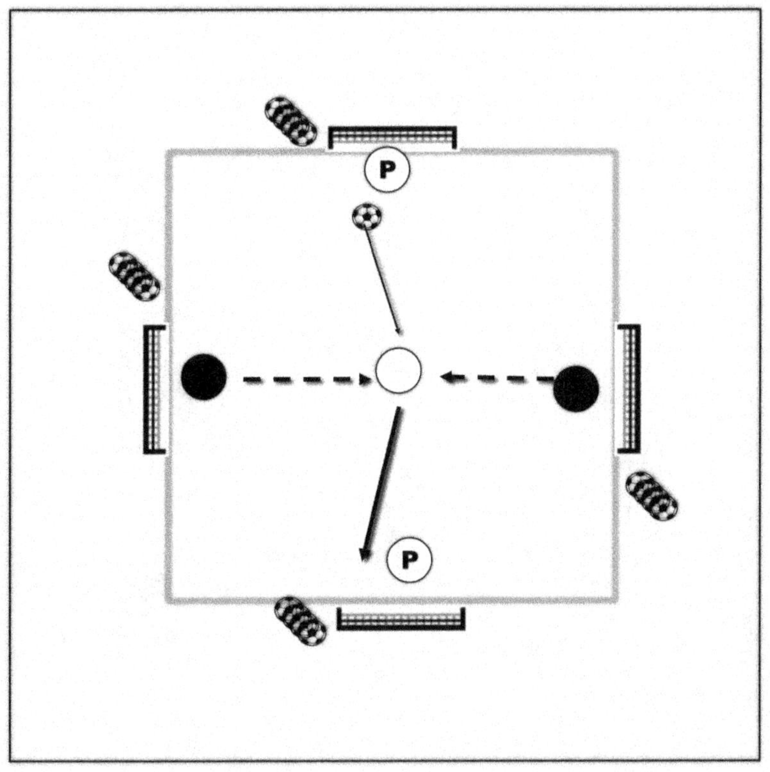

Tarea N° 30	Objetivo Principal	Mejora del tiro a portería
	Jugadores	8

Explicación

Los jugadores distribuidos como en la imagen. Cuando el jugador recibe del portero tiene que volverse y tirar a la portería que tiene el portero o apoyarse en uno de los apoyos si lo considera necesario antes del tiro y dos jugadores rivales irán a presionarle. Los porteros cambiarán con los jugadores para repetir la acción variando la portería y el lugar desde donde se recibe la presión.

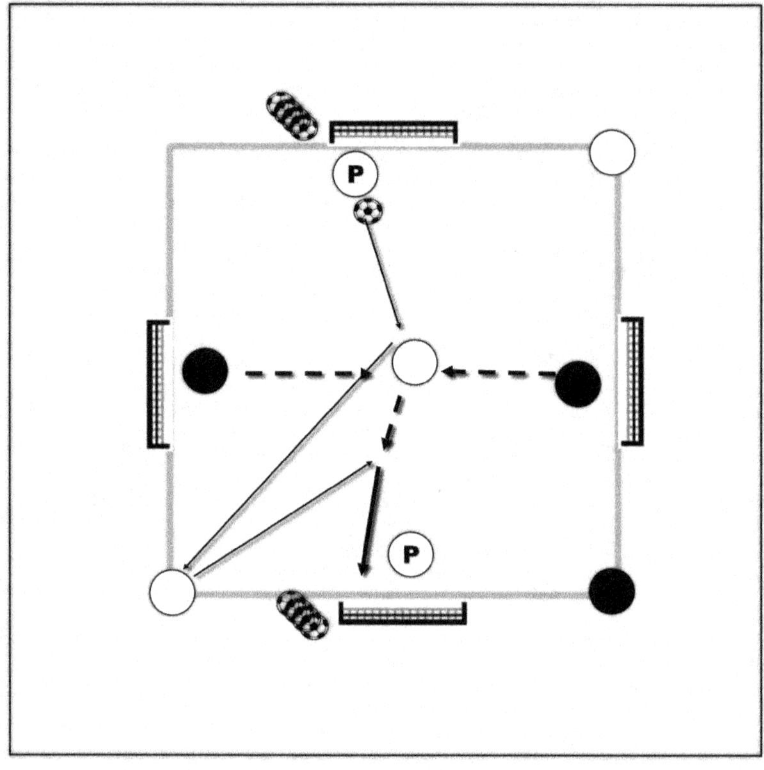

Tarea N° 31	Objetivo Principal	Mejora del tiro a portería
	Jugadores	5

Explicación

El jugador y los porteros distribuidos como en la imagen. Cuando el jugador recibe del portero tiene que controlar, sacar el balón del cuadrado y tirar a la portería desde la que no le presionaron y tiene el portero. Los porteros cambiarán en cada acción los que irán a la presión y desde el lugar que lo harán.

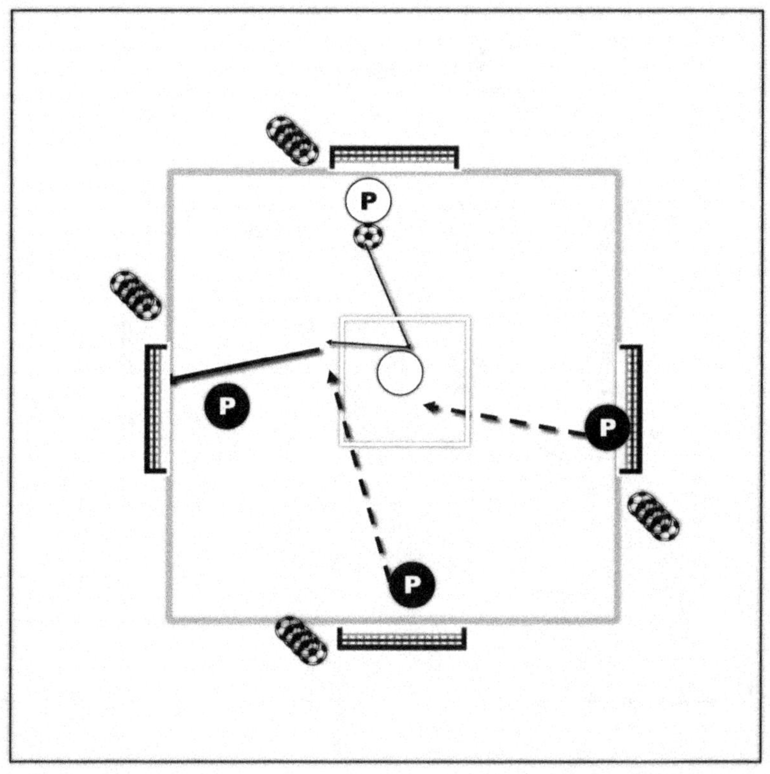

Tarea N° 32	Objetivo Principal	Mejora del tiro a portería
	Jugadores	7

Explicación

Los jugadores distribuidos como en la imagen. Cuando el jugador recibe del portero tiene que controlar orientado sacando el balón del cuadrado, tirar a la portería que tiene el portero y dos jugadores irán a presionarle, sólo dentro del cuadrado. Irán variando de portería los porteros, al igual que los jugadores que irán a presionar.

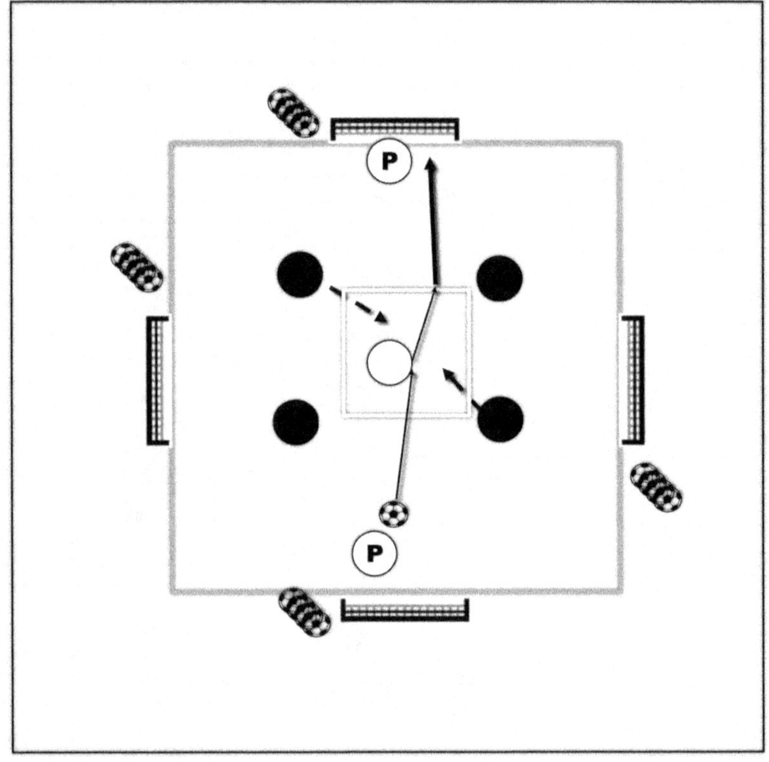

Tarea N° 33	Objetivo Principal	Mejora del tiro a portería
	Jugadores	9

Explicación

Los jugadores distribuidos como en la imagen. Tendrán que atravesar de uno en uno y de lado a lado el cuadrado, pasando por el cuadrado del centro. El jugador sin balón intentará robar el balón a los que pasen por el cuadrado pequeño. Cuando lo haga, tirará a portería con la presión de uno de los jugadores de los vértices, que no sabrá cual será. El que perdió quedará en el cuadrado a la espera de robar a los jugadores que vayan pasando.

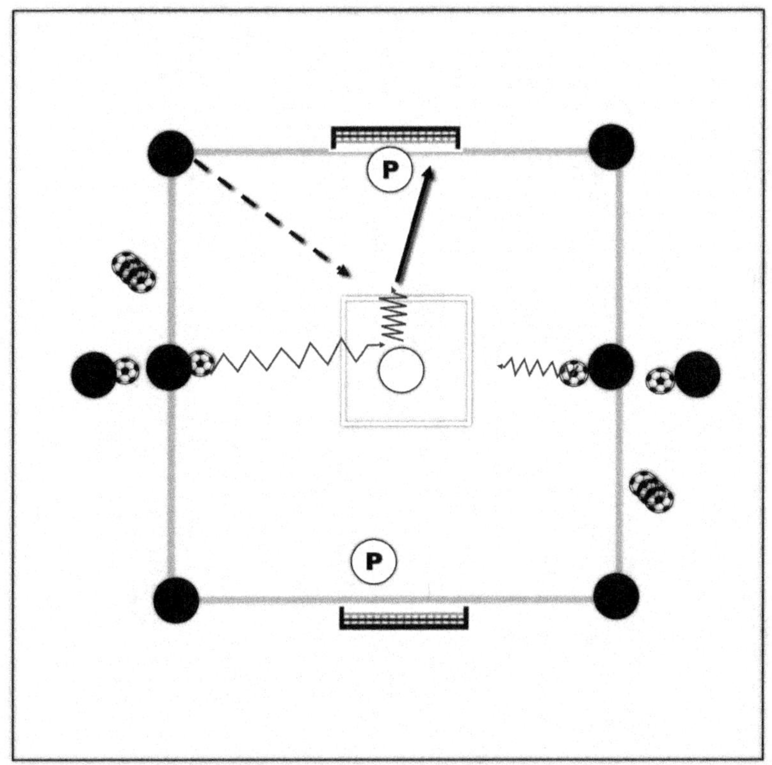

Tarea Nº 34	Objetivo Principal	Mejora del tiro a portería
	Jugadores	10

Explicación

Los jugadores distribuidos como en la imagen. Los dos jugadores del centro tienen el balón para atraer a dos jugadores rivales que irán a presionarles (irán cambiando en cada ocasión el lugar de donde van a presionar). Cuando vayan a la presión podrán jugar con uno de los compañeros de las esquinas para buscar una buena posición de tiro y tirar.

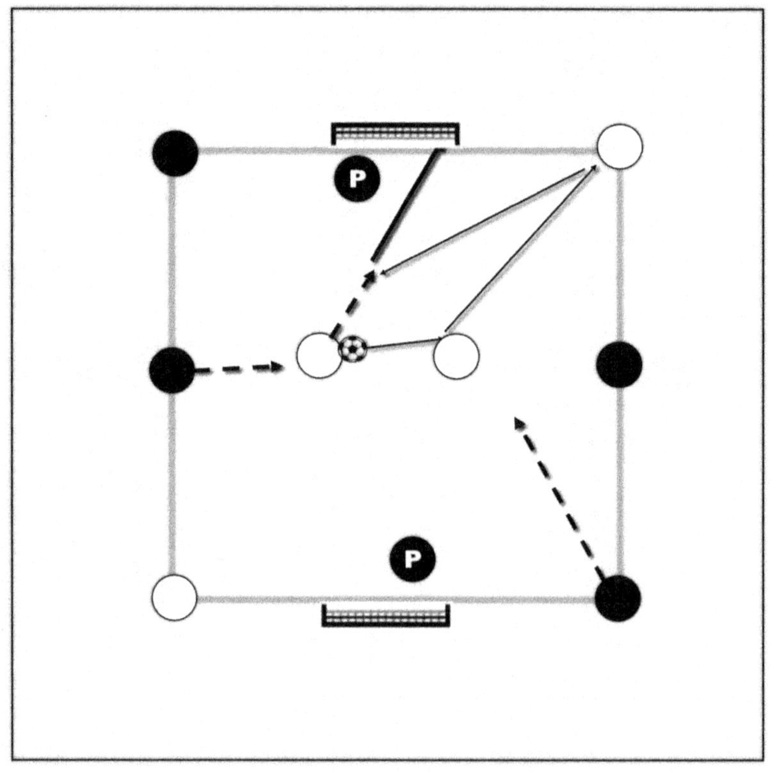

Tarea N° 35	Objetivo Principal	Mejora del tiro a portería
	Jugadores	9

Explicación

Los jugadores distribuidos como en la imagen. El jugador del centro tiene el balón e intenta atraer a   dos jugadores rivales que irán a presionarle (irán alternando el lugar desde el que lo harán). Cuando vayan a la presión podrá jugar con los compañeros de las esquinas para buscar una buena situación de tiro.

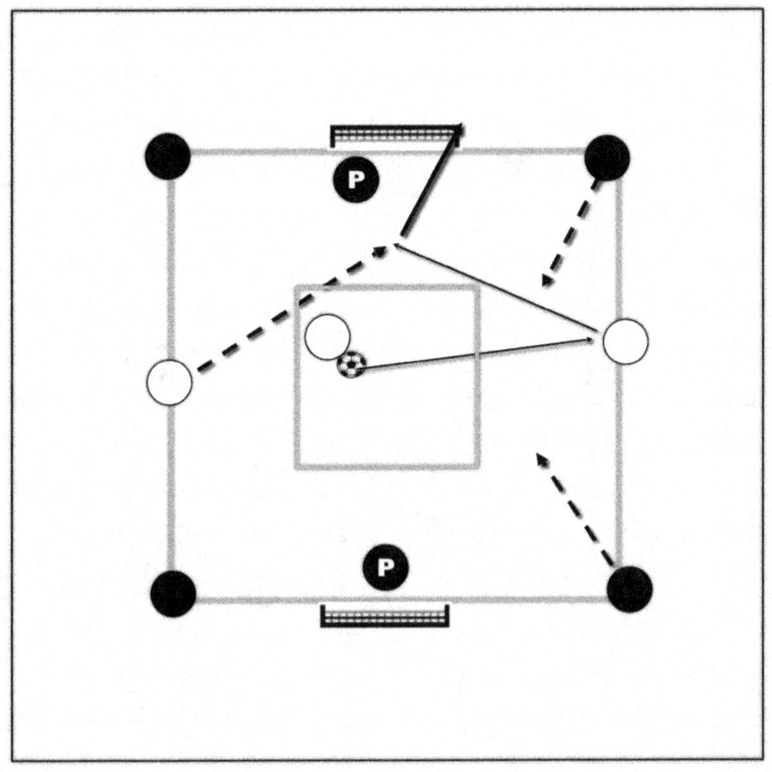

Tarea N° 36	Objetivo Principal	Mejora del tiro a portería
	Jugadores	9

Explicación

Los jugadores distribuidos como en la imagen. El jugador del centro tiene el balón e intenta atraer a dos jugadores rivales que irán a presionarle (irán alternando el lugar desde el que lo harán). Cuando vayan a la presión podrá jugar con uno de los compañeros de las esquinas para buscar una buena posición de tiro y tirar.

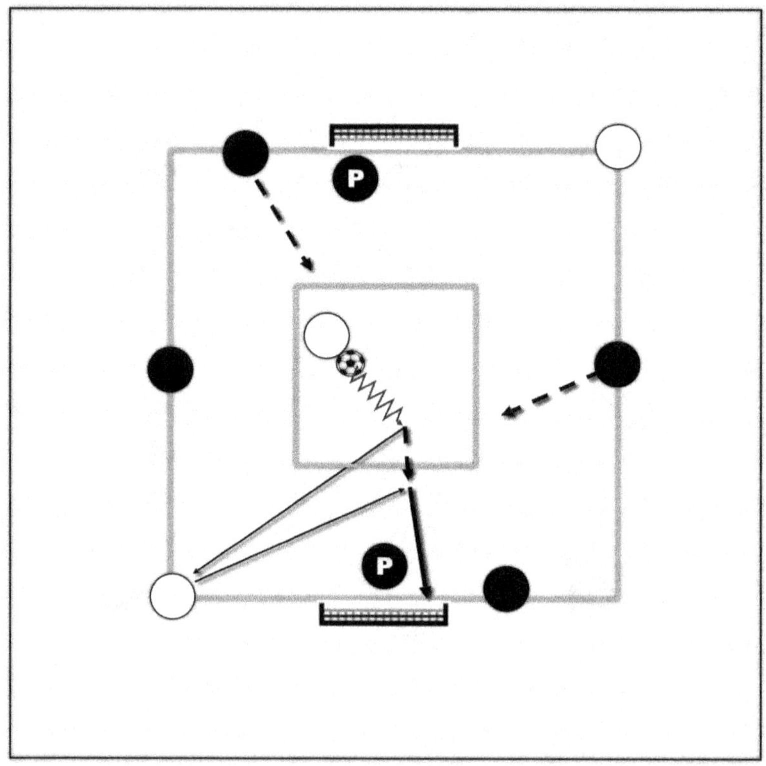

Tarea N° 37	Objetivo Principal	Mejora del tiro a portería
	Jugadores	5 (P+2x1+1)

Explicación

Los jugadores distribuidos como en la imagen. El jugador del equipo negro tendrá el balón, cuando pierde el balón presiona y el compañero que está en la línea, interceptará o irá a marcar al jugador adelantado para que el equipo blanco no pueda tirar a portería.

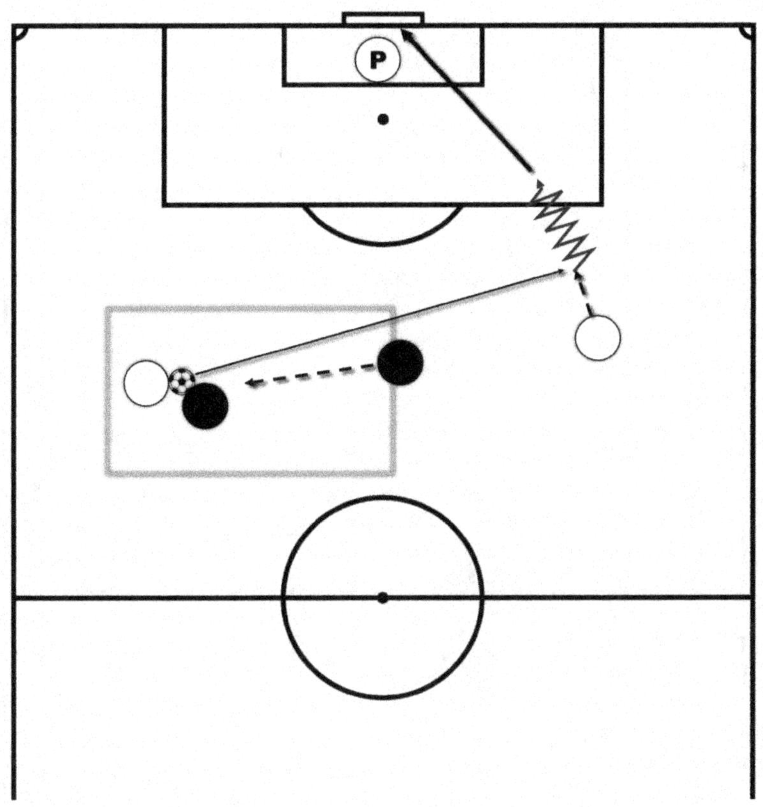

Tarea N° 38	Objetivo Principal	Mejora del tiro a portería
	Jugadores	7

Explicación

Los jugadores distribuidos como en la imagen. Los jugadores del equipo negro tendrán el balón, cuando recupere el jugador del equipo blanco pasará a uno de los jugadores que están sobre las líneas y atacarán la portería el que robó y al que le pasó para buscar la mejor situación para el tiro. Los jugadores del equipo negro intentarán impedir el tiro.

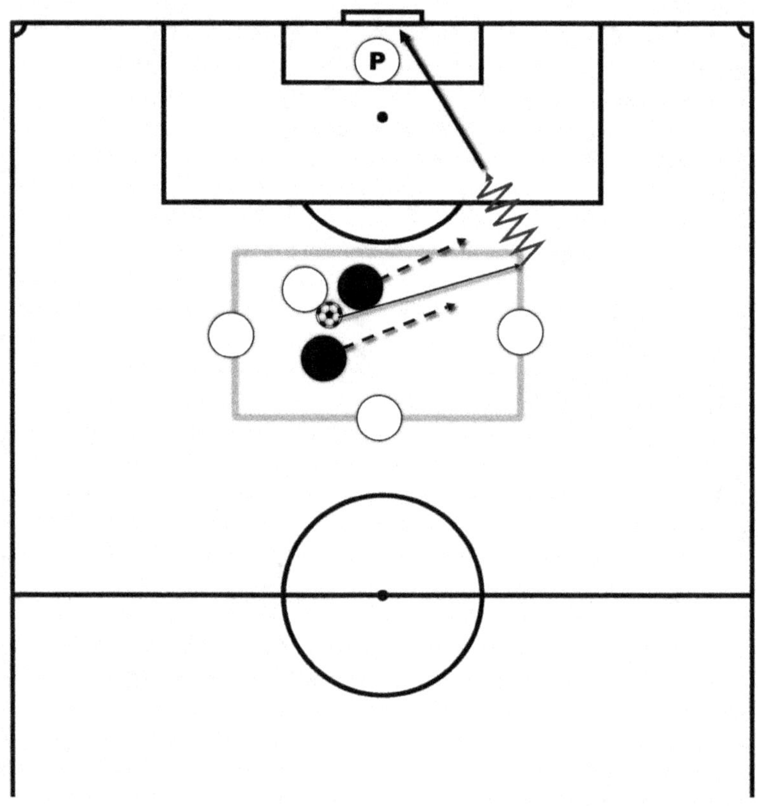

Tarea N° 39	Objetivo Principal	Mejora del tiro a portería
	Jugadores	11 (5x5+P)

Explicación

En un rectángulo dividido en dos cuadrados, los jugadores se colocan en la disposición de la imagen. El equipo que no tiene el balón (negro) intentará interceptar un pase del equipo blanco, cuando lo consiga se irán algunos jugadores al otro campo para recibir y otros se quedarán como apoyos al que interceptó para jugar con los que se adelantaron. El equipo blanco dejará a unos jugadores presionando y otros replegarán para defender el otro cuadrado. El equipo negro buscará la mejor solución para tirar.

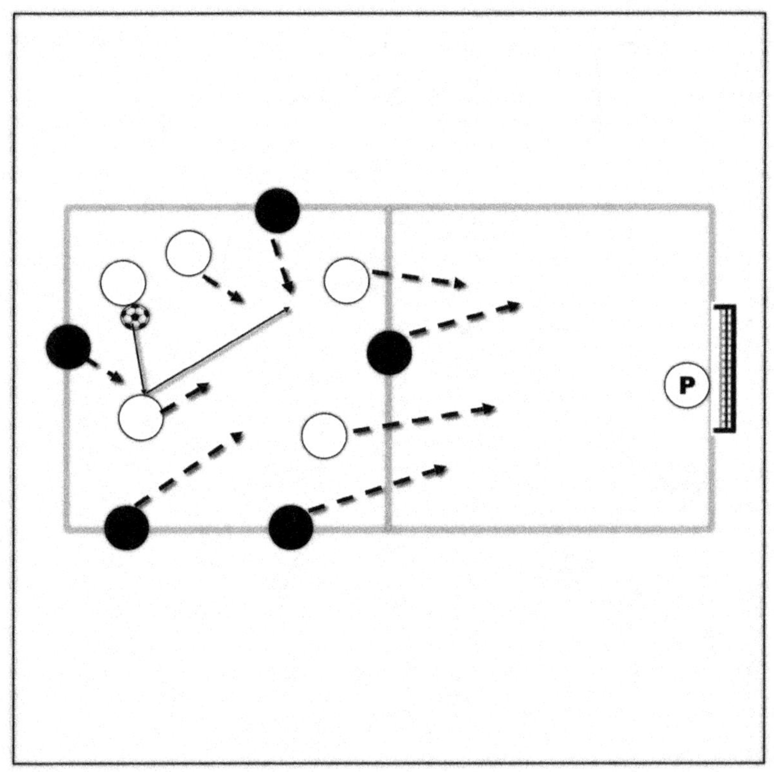

Tarea N° 40	Objetivo Principal	Mejora del tiro a portería.
	Jugadores	15

Explicación

Los jugadores se distribuyen como en la imagen. Juegan cuatro jugadores (equipo negro) en un cuadrado provocando que entren a presionar los jugadores del otro equipo (blanco). Cuando entran a presionar, los jugadores del equipo negro pasan a uno de los dos jugadores que están fuera, salen para atacar y todo el equipo negro atacará la portería que defienden el portero y los jugadores blancos que no hayan entrado al cuadrado antes de pasar buscando la mejor opción para tirar.

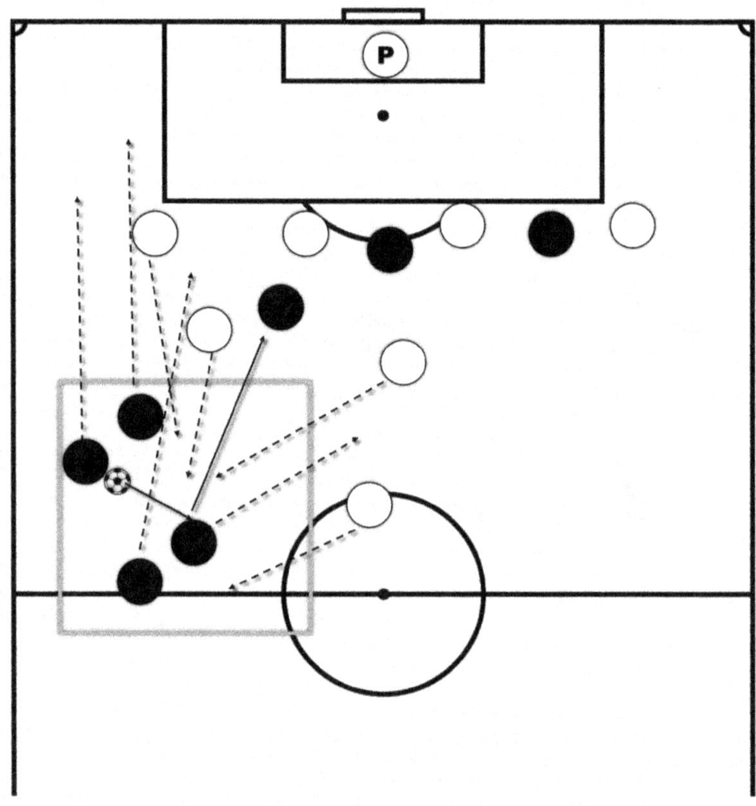

Tarea N° 41	Objetivo Principal	Mejora del tiro a potería
	Jugadores	14

Explicación

En un rectángulo dividido en 8 partes iguales distribuidos los jugadores como en la imagen. Los equipos intentarán mover a la línea contraria para poder encontrar una buena opción de tiro o pasar al compañero adelantado para que tire. Si recibe el jugador adelantado, podrán ir los defensores a presionar el tiro. Los equipos cuando atacan meterán entre la línea defensiva que puede ir variando durante el juego para facilitar el tiro.

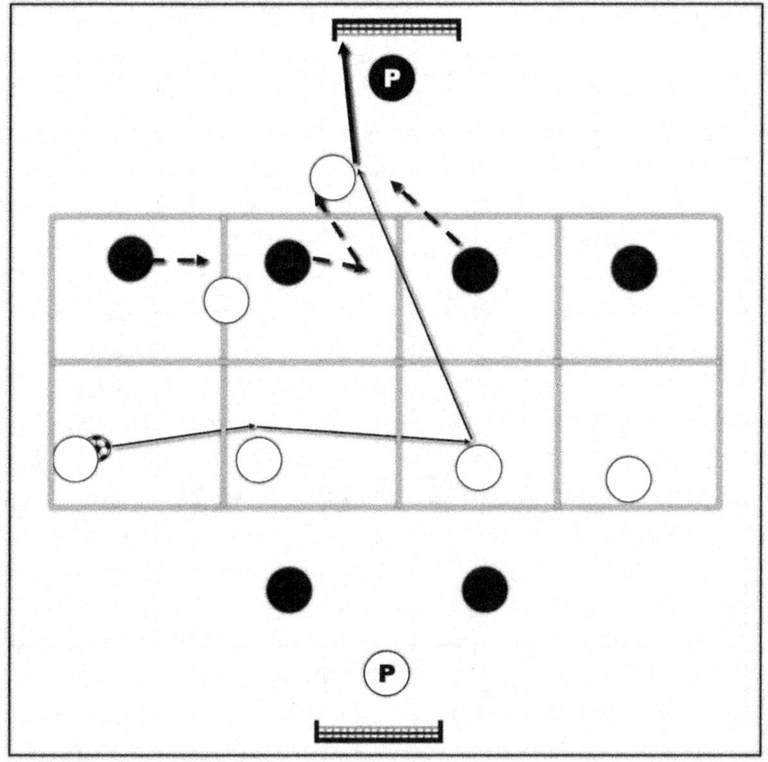

Tarea N° 42	Objetivo Principal	Mejora del tiro a portería
	Jugadores	10 (4+Px4+P)

Explicación

Atacan cuatro contra cuatro hacia una portería. El equipo que ataca con un jugador en cada pasillo lateral y dos en el del centro. El portero estará en el punto de penal. Intentarán tirar por elevación aprovechando que el portero está adelantado. Cuando tiran uno de ellos tendrá que ir a una de las siluetas o conos que están tras la línea de fondo antes de volver para defender. Esto dejará espacios en la defensa del equipo que tiró que tendrá que defender   y aprovechar el equipo que recuperó para encontrar la mejor opción para tirar a portería.

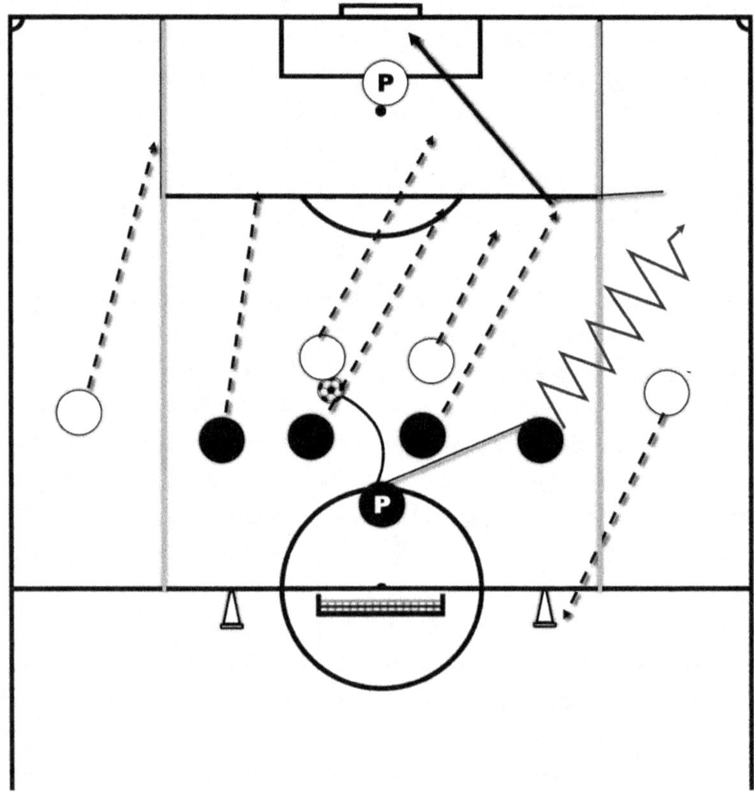

Tarea N° 43	Objetivo Principal	Mejora del tiro a portería
	Jugadores	10 (4+Px4+P)

Explicación

Atacan cuatro contra cuatro hacia una portería. Cada vez que un equipo ataca, el jugador que tira a puerta o pierde el balón, tendrá que ir hasta uno de los conos que hay en la línea de fondo rival y el equipo que recuperó hará un contrataque buscando la mejor opción de tiro antes que se ordene el equipo que tiró o perdió.

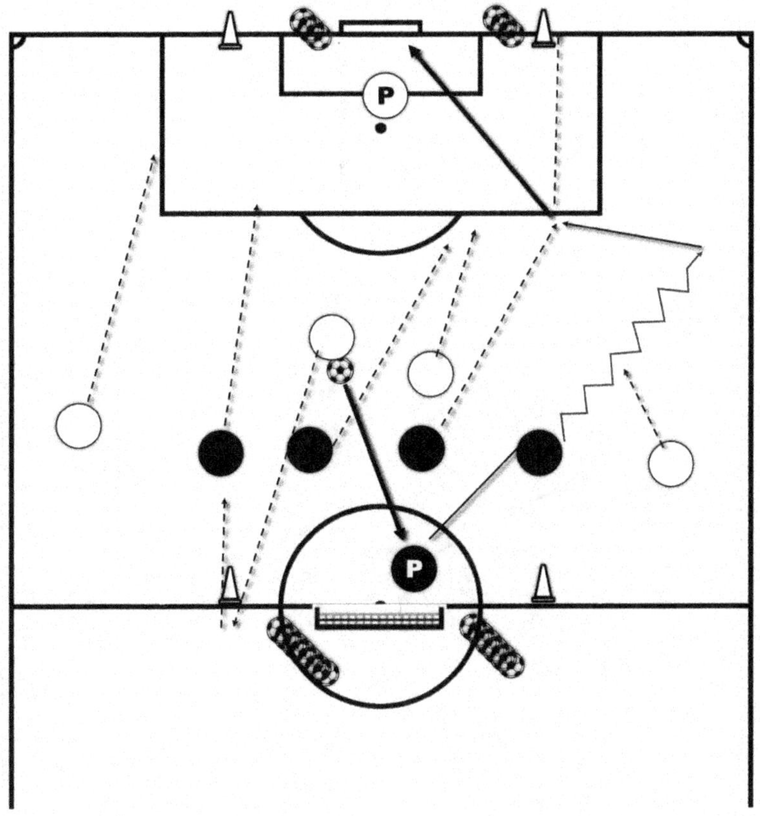

Tarea N° 44	Objetivo Principal	Mejora del tiro a portería
	Jugadores	12

Explicación

Los equipos atacarán cinco contra cuatro, distribuidos como en la imagen. Cuando un equipo roba el balón, juega con el jugador que no defendió (que estará buscando la mejor disposición) y el jugador que pierde o lanza a portería no participa en defensa a la espera de que finalice el rival o su equipo recupere el balón y juegue con él para aprovechar los espacios a la espalda y buscar una ventajosa para el tiro. Los equipos replegarán un jugador por pasillo.

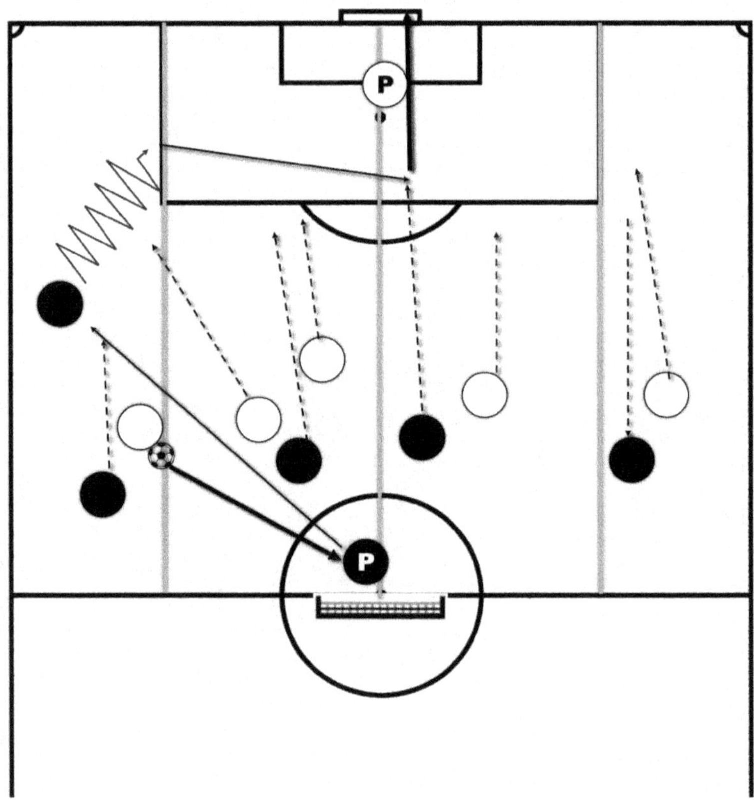

Tarea N° 45	Objetivo Principal	Mejora del tiro a portería
	Jugadores	16

Explicación

En un rectángulo dividido en tres campos iguales, los jugadores se distribuirán 3 en la zona central y uno sobre la línea. Los jugadores sobre las líneas solo podrán interceptar pases en defensa, en ataque esperarán que sus compañeros atraigan a los rivales para recibir en profundidad y tirar a la portería rival. Cuando lo hagan, podrán entrar de manera aleatoria previamente coordinado por el entrenador uno o dos jugadores para defender, cambiando el número y la disposición de los jugadores que entran a defender en cada ataque.

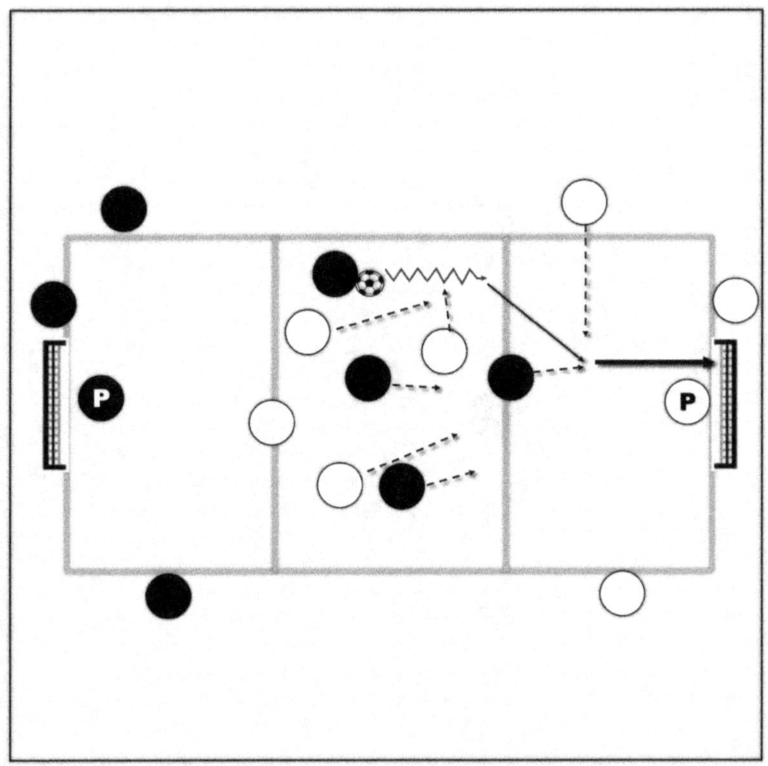

Tarea N° 46	Objetivo Principal	Mejora del tiro a portería
	Jugadores	12

Explicación

En un rectángulo dividido en tres campos iguales. En la zona central habrá 2 jugadores de cada equipo y sobre la línea defensiva del equipo que ataca 3 jugadores y del equipo que defiende uno. Los jugadores de la línea del equipo que ataca se irán incorporando a posiciones adelantadas de manera aleatoria y nunca dos jugadores a la vez para encontrar una opción de tiro. El jugador defensor estará vigilando los jugadores que se incorporan al ataque para defender. Si un equipo recupera, se incorporarán los dos jugadores que estaban fuera a la línea y salen dos de la línea del equipo que perdió el balón.

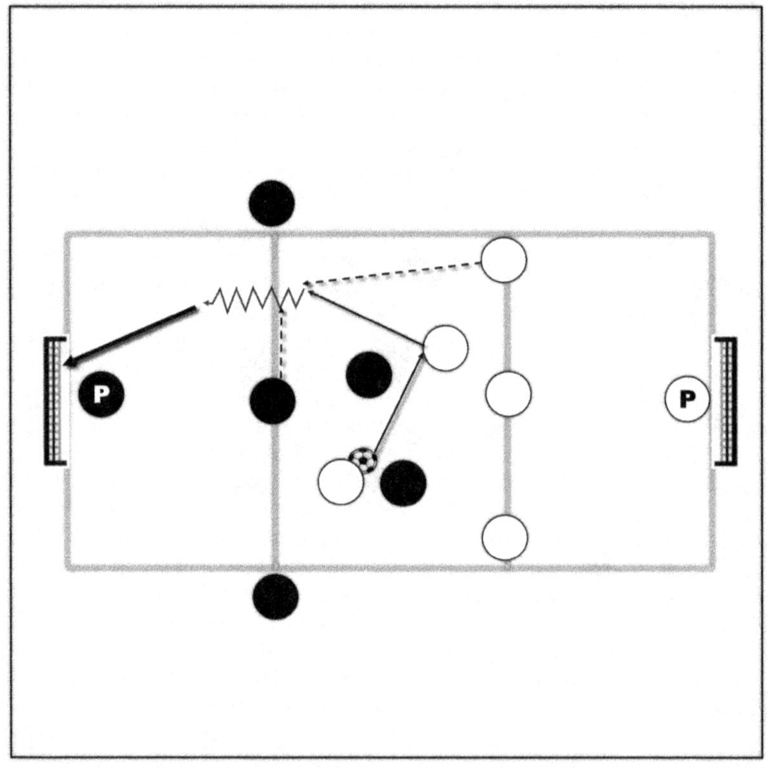

Tarea N° 47	Objetivo Principal	Mejora del tiro a portería
	Jugadores	10

Explicación

Los jugadores distribuidos como en la imagen. Los jugadores en situación de uno contra uno del centro intentarán tirar a portería o pasar al compañero del fondo y los jugadores de fuera podrán entrar en los pasillos para interceptar los pases o tiros, pero no podrán permanecer en ellos.

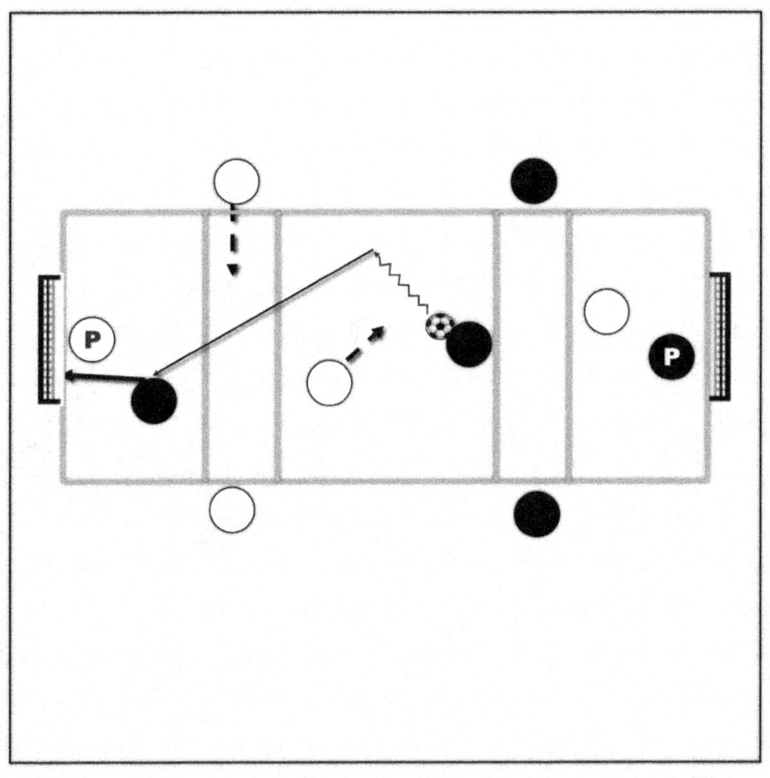

Tarea N° 48	Objetivo Principal	Mejora del tiro a portería
	Jugadores	12

Explicación

Los jugadores distribuidos como en la imagen. Los jugadores en situación de uno contra uno del centro intentarán pasar al compañero del pasillo o tirar a portería y los jugadores de fuera podrán entrar de manera aleatoria (pero solo uno) para poner oposición al jugador del pasillo. Si recuperan pasan al del centro para que tire o juegue con el jugador del pasillo y encontrar la mejor opción de tiro.

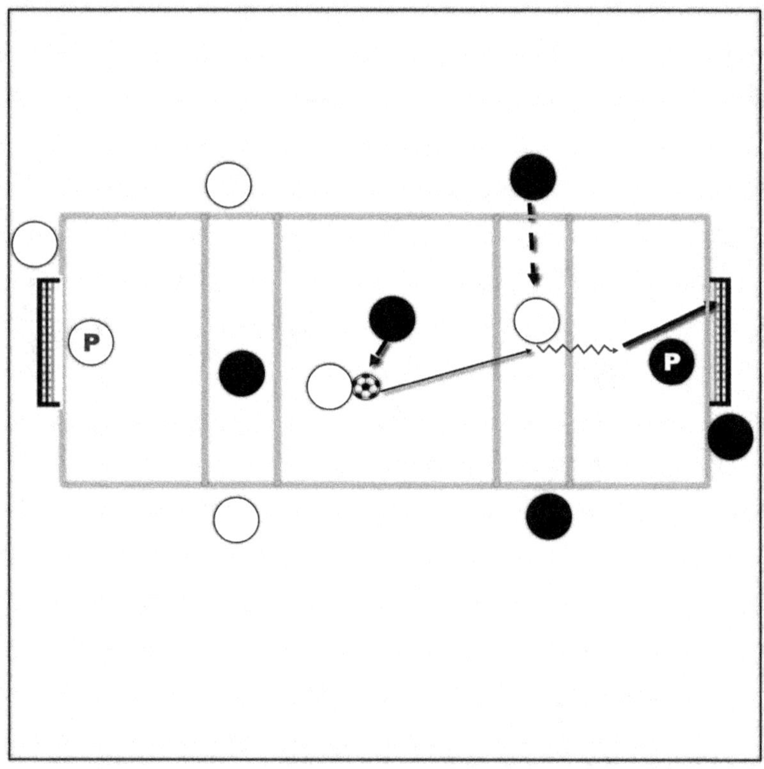

Tarea N° 49	Objetivo Principal	Mejora del tiro a portería
	Jugadores	10 (P+4x4+P)

Explicación

En un rectángulo dividido en dos cuadrados, los jugadores se colocan en la disposición de la imagen, pudiendo cambiar el equipo con balón su disposición para atraer rivales. El equipo que no tiene el balón (blanco) coordinará para entrar en el cuadrado a presionar (cada vez un número de jugadores diferente). El otro equipo (negro) atraerá al rival y cuando entran a presionar los jugadores de equipo blanco jugará con los más adelantados para poder tirar a portería. Si roba el equipo negro tirará a portería.

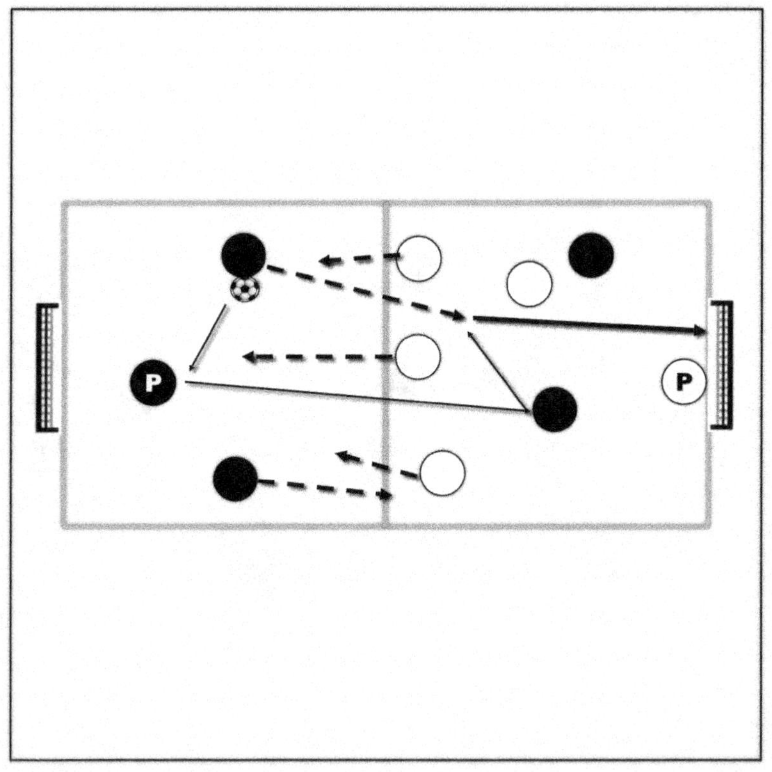

Tarea N° 50	Objetivo Principal	Mejora del tiro a portería
	Jugadores	14

Explicación

En un rectángulo dividido en tres campos iguales, los jugadores se distribuirán tres en la zona central y uno sobre la línea. Los jugadores sobre las líneas solo podrán interceptar pases en defensa y en ataque participarán como apoyos. Los jugadores de los vértices participarán haciendo desmarques constantemente y de manera aleatoria cuando su equipo tiene el balón, para poder recibir y tirar a portería. Serán presionados (cuando reciban) por los de las líneas para que no puedan tirar.

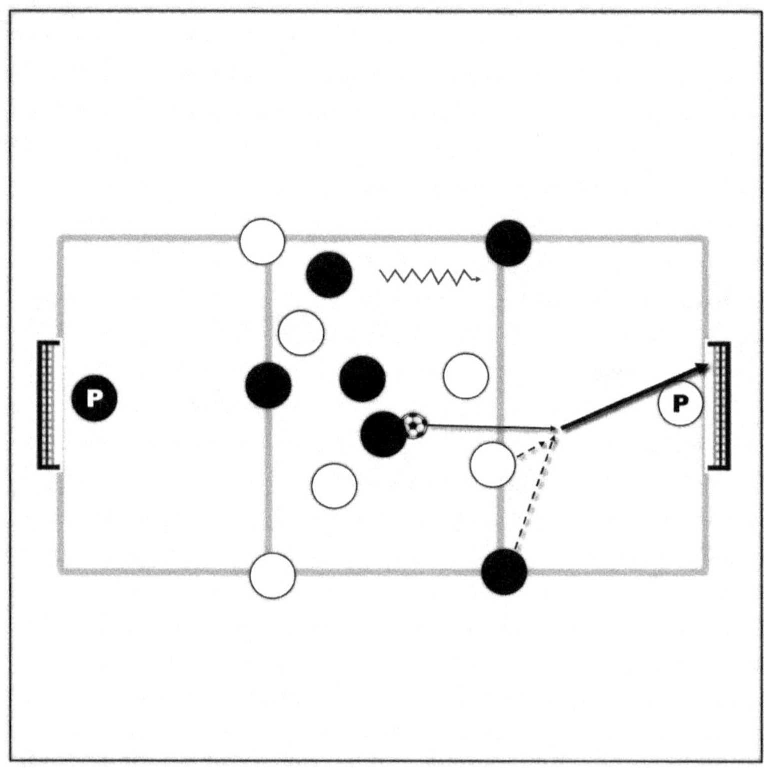

BIBLIOGRAFÍA

- Alarcón, F.; Cárdenas, D.; Clemente, V.; Collado, J. A. (Coord.); Guillén, J. C.; Jiménez, M.; Lázaro J.; Mercadé, O.; Ardoy, D. N.; Rivilla, I. y Sánchez, M. (2018): *Neurociencia, deporte y educación.* Editorial Wanceulen.

- Ballarini, F. (2016): *REC: Porque recordamos lo que recordamos y olvidamos lo que olvidamos.* Editorial Debate.

- Bangsbo, J. y Peitersen, B. (2002): *Fútbol: Jugar en defensa.* Editorial Paidotribo. Barcelona.

- Bargh, J. (2018): ¿Porqué hacemos lo que hacemos?: el poder del inconsciente. Editorial Ediciones B.

- Caballero, M. (2017): *Neuroeducación de profesores y para profesores: De profesor a maestro de cabecera.* Editorial Ediciones Pirámide.

- Caneda, R. (1999): *La zona en Fútbol.* Editorial Wanceulen. Sevilla.

- Cano Moreno, Oscar (2010): *Fútbol: Entrenamiento global basado en la interpretación del juego.* Editorial Wanceulen.

- Castellano, Julen y Casamichana, David (2016): *El arte de planificar en fútbol,* Editorial Futbol de libro.

- Castellano, Julen; Casamichana, David y San Román, Jaime (2015): *Los juegos reducidos en el entrenamiento del fútbol.* Editorial Fútbol de libro.

- Castelo, J. (1999): *Futbol. Estructura y dinámica del juego.* Editorial INDE. Barcelona.

- Couto, A. (2015): *Las grandes escuelas del Fútbol Moderno.* Editorial Fútbol de libro.

- Crespo García, Manuel J. (2020): *Neurociencia aplicada al fútbol. Propuesta práctica.* Editorial Wanceulen.

- Espar, Xesco (2010): *Jugar con el corazón: La excelencia no es suficiente.* Plataforma Editorial.

- Fradua, Luis (1997): *La visión periférica del futbolista.* Editorial Paidotribo.

- García Ocaña, Francisco (2008): *Fútbol y Fútbol sala: 250 actividades sociomotrices.* Editorial Paidotribo. Barcelona.

- Garganta, J. y Pinto, J. en Graça, A. y Oliveira, J. (1997): *La enseñanza de los juegos Deportivos.* Editorial Paidotribo.

- González, Alberto (2013): *Fútbol. Dinámica del juego desde la perspectiva de las transiciones.* Editorial Learning 11.
- Jackson, Phil (2014): *Once anillos.* Editorial Roca.
- Jozami, Silvina (2019): *Potenciando tu mente deportiva. Neurociencia simple para transforma el rendimiento deportivo.* Editorial Caligrama.
- López López, Javier (2008): *Fútbol: Alevines: 120 fichas de sesiones de entrenamiento.* Editorial Wanceulen. Sevilla.
- López López, Javier (2008): *Fútbol: Cadetes: 160 fichas de sesiones de entrenamiento.* Editorial Wanceulen. Sevilla.
- López López, Javier (2009): *400 tareas integradas para el entrenamiento de la táctica ofensiva.* Editorial Wanceulen.
- López López, Javier (2009): *500 juegos para el entrenamiento físico con balón.* Editorial Wanceulen.
- López López, Javier (2009): *Fundamentos tácticos defensivos.* Editorial Wanceulen.
- López López, Javier (2009): Fútbol: *1380 Juegos globales para el aprendizaje y perfeccionamiento de la técnica ofensiva y defensiva.* Editorial Wanceulen. Sevilla.
- López López, Javier (2009): *Fútbol: Prebenjamines: 80 fichas de sesiones de entrenamiento.* Editorial Wanceulen. Sevilla.
- López López, Javier (2011): *Fútbol y Fútbol Sala: 96 juegos para el entrenamiento integrado de la Táctica Ofensiva.* Editorial Wanceulen.
- López López, Javier (2011): *Fútbol y Fútbol Sala: 96 juegos para el entrenamiento integrado de la Táctica Defensiva.* Editorial Wanceulen.
- López López, Javier (2013): *Fútbol: Benjamines: 80 fichas de sesiones de entrenamiento.* Editorial Wanceulen. Sevilla.
- López López, Javier (2013): *Fútbol: Infantiles: 120 fichas de sesiones de entrenamiento.* Editorial Wanceulen. Sevilla.
- López López, Javier (2013): *Fútbol: Juveniles: 160 fichas de sesiones de entrenamiento.* Editorial Wanceulen. Sevilla.
- López López, Javier (2013): *Fútbol: Senior (2013): 175 fichas de sesiones de entrenamiento.* Editorial Wanceulen. Sevilla.
- López López, Javier; Wanceulen Moreno, Antonio; Wanceulen Moreno, José F. y Bernal Ruiz, Javier (2009): *225 juegos para el entrenamiento integrado del pase en el fútbol.* Editorial Wanceulen.

- Marí, Pep (2011): Aprender de los campeones. Plataforma Editorial.
- Marí, Pep (2019): *Equipos campeones: Como convertir un buen equipo en uno mucho mejor*. Editorial Plataforma Impresa.
- Mayer, R. (1996): *Fichas de fútbol. 120 juegos de ataque y defensa*. Hispano Europea. Barcelona.
- Mora, F. (2014): *¿Cómo funciona el cerebro?* Alianza editorial.
- Mora, F. (2017): *Neuroeducación: sólo se puede aprender de aquello que se ama*. Alianza editorial.
- Navarro Valdivieso, F.; González Ravé, J. M. y Pablos Abella, C. (2014): *Entrenamiento Deportivo. Teoría y Práctica*. Editorial Médica Panamericana.
- Pérez, Marcial (2019): *Mente Deportiva: Entrenar el cerebro para extender los límites del rendimiento*. Autoría Editorial.
- Revuelta Candón, Amalia (2016): *El cerebro decide*. Editorial Fútbol Táctico.
- Seirul´lo, F. (1999): *Criterios modernos del entrenamiento en el fútbol*. Revista Training Fútbol. Valladolid.
- Tamorri, Stéfano (2004): *Neurociencias y deporte. Psicología deportiva. Procesos mentales del atleta*. Editorial Paidotribo.